ARKANA

Buch

Auf lebendige und pragmatische Weise beschreiben die beiden Tarot-Spezialisten die 78 Karten des Rider-Waite- und des Crowley-Decks. Sie stellen die Karten zum einen in ihrer allgemeinen Bedeutung vor. Zum anderen erläutern sie ein einfaches Legesystem, bei dem vier Karten Auskunft über Lösungsmöglichkeiten in Lebenskrisen, festgefahrenen Situationen und allen alltäglichen Konflikten geben. Die Karten weisen auf »den nächsten Schritt« hin. Sie lenken die Aufmerksamkeit des Fragenden auf die entscheidenden Aspekte und Hintergründe einer belastenden Situation. Und sie zeigen Wege auf, um sich einem Problem mutig zu stellen und es zu überwinden.

Autoren

Hajo Banzhaf ist der bekannteste Tarot-Experte im deutschen Sprachraum. Er war viele Jahre Herausgeber der Buchreihe »Kailash« im Hugendubel Verlag und hält seit 1985 Seminare und Vorträge über Astrologie und Tarot.
Elisa Hemmerlein beschäftigt sich intensiv mit psychologischen und esoterischen Themen, insbesondere mit Astrologie und Tarot.

Bei Goldmann liegen von Hajo Banzhaf bereits vor:

Das Tarotbuch (gebunden, 33646); mit Karten (33649)
Gut beraten mit Tarot (gebunden, 33744); mit Karten (33748)
Symbolik und Bedeutung der Zahlen (gebunden, 33760)
Die vier Elemente in Astrologie und Tarot (12216)
Schlüsselworte zum Tarot (12077); mit Karten (12126)
Das Tarot-Handbuch (21503)
Tarot-Deutungsbeispiele (21502)
zusammen mit Akron:
Der Crowley-Tarot (21500); mit Karten (21037)
zusammen mit Brigitte Theler:
Schlüsselworte zum Crowley-Tarot (21524)

HAJO BANZHAF
ELISA HEMMERLEIN

TAROT ALS WEGBEGLEITER

Der zuverlässige Ratgeber
für den »nächsten Schritt«

ARKANA
GOLDMANN

FSC
Mix
Produktgruppe aus vorbildlich bewirtschafteten Wäldern und anderen kontrollierten Herkünften

Zert.-Nr. SGS-COC-1940
www.fsc.org
© 1996 Forest Stewardship Council

Verlagsgruppe Random House FSC-DEU-0100
Das für dieses Buch verwendete FSC-zertifizierte Papier
München Super liefert Mochenwangen.

5. Auflage
Vollständige Taschenbuchausgabe Mai 1999
Wilhelm Goldmann Verlag, München
in der Verlagsgruppe Random House GmbH

Umschlaggestaltung: Design Team München
DTP: Martin Strohkendl
Druck und Bindung: GGP Media GmbH, Pößneck
WL · Herstellung: Stefan Hansen
Printed in Germany
ISBN 978-3-442-21501-0
www.arkana-verlag.de

Inhalt

Auch ein Weg von zehntausend Meilen
beginnt genau vor deinen Füßen.

CHINESISCHE WEISHEIT

Vorwort

Mit diesem Buch möchten wir dem Leser die Möglichkeit bieten, die Tarotkarten zu befragen, ohne daß er zuvor die Sprache der Karten erlernen muß. Darum werden hier die unterschiedlichen Bedeutungen, die eine Karte an den verschiedenen Plätzen innerhalb einer Kartenlegung annehmen kann, so beschrieben, daß auch der Neuling, der die Tarotkarten zum ersten Mal in seinen Händen hält, eine Antwort auf seine Frage finden wird. Die Welt des Tarot erschließt sich so ohne große Hürden, und die Bedeutung der Karten erlernt man leicht durch die praktische Anwendung. Dieses Buch ist aber auch vor allem für denjenigen geschrieben, der die Karten nur gelegentlich befragen möchte, ohne ihre Sprache wirklich erlernen zu wollen.

Wer über solche Intentionen die Nase rümpft, sei daran erinnert, daß auch das altehrwürdige I-Ging-Orakel Antworten gibt, ohne daß der Fragende dieses älteste Buch der Menschheit auswendig kennen muß.

Die Legeart »der nächste Schritt«, die wir für dieses Buch ausgewählt haben, ist für alle Fragen geeignet – worum es auch immer gehen mag. So befragt geben die Karten stets einen wertvollen Rat. Sie sagen bei jedem Schritt, worauf es ankommt: was jetzt wichtig und was jetzt unwichtig ist und wohin es den Fragenden als nächstes führen wird.

Der Leser, der durch diesen Einstieg neugierig geworden ist und tiefer in die Welt des Tarot eindringen will, findet im Anhang Ratschläge, wie man die Sprache der Tarotkarten erlernen kann, sowie weitere Legemethoden.

Tarot-Kurse – Anfragen
beim Autor unter folgender Adresse:

Hajo Banzhaf
Mauerkircherstraße 29/IV
81679 München

Fax: 089/98 00 86
Internet: www.tarot.de

Einführung

Was ist Tarot?

Tarot ist ein traditionsreiches Kartenspiel, dessen Bilder und Symbole neben ihrem hohen spirituellen Aussagewert vermutlich schon immer ein großes Interesse als Kartenorakel genossen haben. Woher aber kommt Tarot, woher Spielkarten überhaupt? Die Suche nach deren Ursprüngen verliert sich im späten 14. Jahrhundert. Über die Rolle der Karten in der davorliegenden Zeit ist immer wieder spekuliert worden, aber zufriedenstellend wurden die vielfältigen und oft phantasievollen Hypothesen bis heute nicht belegt.

Sicher ist, daß Tarot in seiner heutigen Struktur und unter diesem Namen seit 1600 bekannt ist. Seitdem besteht ein Tarotspiel aus 78 Karten, die sich in zwei Hauptgruppen unterteilen: 22 Karten gehören zu der Gruppe der Großen Arkana (Plural des lateinischen Wortes Arkanum = Geheimnis), die auch Trumpfkarten (von Triumph) genannt werden, und 56 Karten bilden die Kleinen Arkana. Diese zweite Gruppe untergliedert sich in vier Serien, auch Farben oder Sätze genannt, wie sie auch von anderen Vierfarbspielen – etwa den heutigen Spielkarten – her bekannt sind. Im Tarot heißen die Sätze: Stäbe, Schwerter, Kelche und Münzen. (Aus ihnen gingen Kreuz, Pik, Herz und Karo hervor.) Jeder dieser Sätze besteht aus vierzehn Karten: aus zehn Zahlenkarten: As (= eins), zwei, drei ... bis zehn und aus vier Hofkarten: König, Königin, Ritter und Bube[1].

Während es Grund für die Annahme gibt, daß die Karten der Kleinen Arkana im 14. Jahrhundert aus der islamischen Welt nach Europa gelangten und es als sicher gilt, daß diese Karten die Vorläufer der heutigen Spielkarten sind, tauchen die 22 Karten der Großen Arkana etwa um 1600 erstmals in der Öffentlichkeit auf und verschwinden später ebenso geheimnisvoll wieder aus den heu-

[1] Im Crowley Tarot: Ritter, Königin, Prinz und Prinzessin.

tigen Spielkarten. Bis auf eine Ausnahme: Der Narr, die unnumerierte Karte aus diesem Kreis, überlebte als Joker in heutigen Spielen.

Vor allem um die Herkunft der Großen Arkana ranken sich vielfältige Spekulationen und Vermutungen.[2] Viele sehen einen überzeugenden Zusammenhang zwischen diesen Karten und den 22 Buchstaben des hebräischen Alphabets, dem Schlüssel zur jüdischen Geheimlehre, der Kabbala. Und nicht wenige vermuten den Ursprung im alten Ägypten und sagen, daß uns in diesen Karten das Weisheitsbuch der altägyptischen Priesterkaste überliefert sei.

Was immer daran wahr sein mag, sicher ist, daß uns die Karten der Großen Arkana in eindrucksvoller Weise ein uraltes Wissen übermitteln: Sie erzählen in ihrer schlichten Art die älteste Geschichte der Welt, die als *Reise des Helden* den Mythen, Märchen und Legenden aller Völker innewohnt. Nirgendwo sonst hat sich diese uralte Parabel für den Lebensweg des Menschen in so schlichter Form und zugleich anschaulich-bildhafter Klarheit Ausdruck verschafft.[3]

Wenn uns aber die Großen Arkana ein Wissen übermitteln, das bis in die Urzeit menschlicher Bewußtwerdung zurückreicht, dann ist es zweitrangig, wann und wie dieses Wissen erstmals aufgemalt bzw. gedruckt wurde. Selbst wenn dies tatsächlich erst um 1600 der Fall war, gibt es eine durchaus einleuchtende Erklärung, wie diese Bilder dennoch aus sehr alter Zeit überliefert wurden: Im Mittelalter gab es den weitverbreiteten Brauch, vor allem zur Zeit des Karnevals – der seinerseits über die römischen Saturnalien auf älteste Fruchtbarkeitskulte zurückgeht – an den fürstlichen Höfen Triumphzüge zu veranstalten. Diese Darbietungen erfreuten sich nicht nur großer Beliebtheit beim Volke, sondern fanden auch Eingang in die Malerei und die Dichtung, wie in dem berühmten Tarot von Andrea Mantegna, der von Albrecht Dürer kopiert wurde, oder in

2 Für Kritisches und Profundes siehe dazu *Eckhard Graf, Mythos Tarot, Ahlerstedt (Param) 1989.*

3 Siehe dazu *Hajo Banzhaf, Schlüsselworte zum Tarot, München (Goldmann) 1990, Seite 23 ff.*

Petrarcas Gedicht »I Trionfi«. Daß die Bilderwelt der Trümpfe des Tarot aus diesen Triumphzügen hervorging, ist eine naheliegende Vermutung, zumal die Tarotkarten offenbar zunächst das Spiel der Trümpfe genannt wurden.

Der Name »Tarocchi« taucht erstmals im 16. Jahrhundert in Italien auf. Da seine ursprüngliche Bedeutung unklar ist, haben auch dessen Deutungen wiederum zu sehr phantasievollen Erklärungen geführt. Die profanste bringt ihn mit dem Taro in Verbindung, einem Nebenfluß des Po. Andere sagen, daß ägyptisch »Tar« = Weg und »Ro« = König bedeute und Tarot somit den königlichen Weg weise. Am verbreitetsten ist aber die Deutung, die auf die Ähnlichkeit der Worte Tarot und Tora hinweist. Tora ist die Bezeichnung der fünf Bücher Mose, mit denen das Alte Testament beginnt, und zugleich ein Synonym für das göttliche Gesetz. Paul Forster Case, ein Okkultist unseres Jahrhunderts, hat die vier Buchstaben T A R O als Anagramm benutzt und aus verschiedenen Kombinationen den Satz gebildet: ROTA TARO ORAT TORA ATOR, der sich übersetzen läßt als: Das Rad des Tarot verkündet das Gesetz der Einweihung.

Sicher scheint nur, daß die heutige Schreibweise »Tarot« französisch ist und deshalb eigentlich als »Taro« ausgesprochen wird. Diejenigen, die dennoch »Tarot« sagen, weisen gern darauf hin, daß darin die Idee des Rades zum Ausdruck kommt, weil sich hier Anfang und Ende im Buchstaben T verbinden:

T
O A
R

Ob es aber nun der Tarot oder das Tarot heißt, bleibt unbestimmt; der Fremdwörterduden erklärt beide Artikel für zulässig.

Die verschiedenen Tarotspiele

Während die ältesten uns bekannten Tarotkarten in ihrer Struktur breit gefächert waren und in bezug auf Darstellungen, Aufbau und Anzahl oft erheblich variierten, bildete sich gegen Ende des 16. Jahrhunderts der heutige Tarot heraus, der aus 78 Karten besteht. In dieser ursprünglichen Form sind die Karten noch unter dem Namen »Der Tarot von Marseille« erhalten. Neben dieser traditionellen Form haben bis zur letzten Jahrhundertwende nur zwei Varianten von sich reden gemacht: der heute fast unbekannte »Etteilla Tarot«, der der Hand des schillernden Magiers Alliette entstammt, der seinen Namen für diesen Tarot umdrehte; und der »Oswald-Wirth-Tarot«, ein Tarot von eher mäßiger Schönheit und bescheidener Popularität, der aber von einigen Kennern als der beste geschätzt wird. Die zwei Tarotversionen, die sich heute größter Beliebtheit erfreuen, stammen beide aus unserem Jahrhundert. Es ist der »Rider-Tarot« und das »Buch Thoth«, besser bekannt unter dem Namen seines geistigen Vaters als der »Crowley-Tarot«.

Der Rider-Tarot

Arthur Edward Waite (1857–1942), ein gebürtiger Amerikaner, der in England lebte, war Mitglied und zeitweise Leiter eines bekannten esoterischen Ordens der Jahrhundertwende: dem »Orden der Goldenen Morgenröte«. Nachdem er sich lange und gründlich mit dem Thema befaßt hatte, schuf er auf der Basis eines profunden Wissens zusammen mit der Künstlerin Pamela Colman Smith (1878–1951) einen neuen Tarot. Diese Karten, die 1908 erschienen, unterschieden sich von den vorhergehenden Tarotdarstellungen in einem entscheidenen Punkt, aufgrund dessen sie heute die bekanntesten und beliebtesten Tarotkarten geworden sind. Bis dahin waren von den 78 Tarotkarten stets nur die 22 Karten der Großen Arkana, die 16 Hofkarten (König, Königin, Ritter und Bube) und in manchen Fällen die vier Asse illustriert. Alle übrigen Karten aber zeigten nicht mehr als die ihrem Wert entsprechende zahlenmäßige Wiederholung des Symbols ihres Satzes. So sah man auf der Karte DREI KELCHE eben drei Kelche und auf der Karte ACHT SCHWERTER acht Schwerter. Damit war die Deutung dieser Karten genauso leicht oder schwer wie es die Deutung von »Herz Drei« oder »Pik Acht« wäre. Die wesentliche Neuerung, die Waite zusammen mit Smith hervorbrachte, lag darin, auch diese Karten so zu illustrieren, daß das Bild zur Bedeutung jeder Karte führt. Dieser heute am meisten verbreitete Tarot wurde aber leider nicht unter dem Namen der Künstlerin Pamela Colman Smith bekannt, der dieser Ruhm sicherlich gebührt hätte, sondern als »Rider-Tarot« oder bestenfalls als »Rider-Waite-Tarot« – William Rider war der Verleger von Arthur Edward Waite.

Die Besonderheiten des Rider-Tarot

Von der Neugestaltung der Zahlenkarten abgesehen, folgten Waite und Smith bei der Darstellung der übrigen Karten deutlich den Spuren der älteren Vorlagen, die sie jedoch vielfach mit zusätzlichen Symbole ergänzten. Darüber hinaus gab es aber zwei einschneidende Veränderungen: die Neuillustration der Karte DIE LIEBENDEN und die Umnumerierung der Karten GERECHTIGKEIT und KRAFT.

Zuvor hieß die sechste Trumpfkarte DER LIEBENDE und zeigte einen Jüngling, der sich zwischen seiner Mutter (seinem Elternhaus) und seiner Angebeteten (dem eigenen Weg) entscheiden muß. Über ihm schwebt ein Cupido, dessen Pfeil schon auf des Jünglings Herz gerichtet ist. Sobald er trifft, wird der Jüngling entflammen und eine mutige Herzensentscheidung treffen. Eben hier liegt die ursprüngliche Bedeutung der Karte: die freie Entscheidung aus tiefstem Herzen. Waite nennt diese Karte DIE LIEBENDEN und zeigt

Der Liebende

Die Liebenden

das Thema der reinen Liebe durch Adam und Eva vor dem Sündenfall im Paradies. Für diese Änderung gibt es einige gute Gründe, um jedoch die Bedeutung der Karte hinreichend zu verstehen, ist es sehr hilfreich, sich die alte Darstellung zu vergegenwärtigen.

Aus Gründen, die Waite der Öffentlichkeit verschwieg, hielt er es für notwendig, die Reihenfolge innerhalb der Karten der Großen Arkana zu verändern. Wie aus der obigen Darstellung ersichtlich, tauschte er die Positionen der Karten GERECHTIGKEIT und KRAFT. Die Motive hierfür sind vor allem in Waites Auffassung von der Kabbala zu vermuten, die für ihn einen wesentlichen Schlüssel zur Bedeutung der Tarotkarten darstellte. Wirklich bestechend können diese Gründe jedoch nicht gewesen sein, da ein anderer großer Kenner der Kabbala, Aleister Crowley, diese Umnumerierung in seinem viel später erschienenen Tarot nicht übernahm. Da diese Veränderung nur für denjenigen bedeutsam ist, der sich mit dem konsequenten Aufbau der Großen Arkana befaßt oder aber Tarot unter einem numerologischen Aspekt betrachtet, mag hier der Hinweis genügen, daß die ursprüngliche Zählfolge die deutlich überzeugendere ist.[4]

[4] Siehe dazu ausführlicher *Hajo Banzhaf, Schlüsselworte zum Tarot, München (Goldmann) 1990, Seite 200 ff.*

Die umnumerierten Karten Gerechtigkeit und Kraft.
Links die traditionelle Zählfolge im Marseiller-Tarot,
rechts mit der neuen Numerierung des Rider-Tarot

Der Crowley-Tarot

In den vierziger Jahren entstand der Tarot, der nach dem Rider-Waite-Tarot heute am bekanntesten ist. Sein geistiger Vater Aleister Crowley (1875–1947) war durch Arthur Edward Waite zum »Orden der goldenen Morgenröte« gekommen und zeitweise dessen Mitglied. Crowley ist zweifellos die schillerndste Figur der okkulten Szene des 20. Jahrhunderts. In diesem Umfeld gibt es kaum einen anderen Namen, der ebenso schnell die Gemüter erhitzt. Während ihn die einen als den wahrhaft erleuchteten Verkünder eines neuen Zeitalters verehren, sehen die meisten in ihm nur den Inbegriff eines Schwarzmagiers. Was immer auch der einzelne von ihm halten mag, fest steht, daß auch seine größten Gegner – und davon hatte er zeit seines Lebens mehr als genug – jederzeit anerkannten, daß er ein Mann von hoher Bildung war, der sehr genau wußte, was er tat. Sein enormes Wissen, das er im Laufe eines äußerst intensiven Lebens zum Teil auf langen und schwierigen Reisen in vier Kontinente gesammelt hatte, fand in seinem Tarot einen bildhaften Ausdruck. Die Karten wurden nach seinen Vorgaben von der Künstlerin Lady Frieda Harris (1877–1962) gemalt. Sie erschienen 1944 unter dem Namen »Das Buch Thoth«, womit Crowley den Namen aufgriff, den schon gut 150 Jahre zuvor Etteilla für die Tarotkarten gebrauchte, um damit die Verbindung zwischen dem altägyptischen Weisheitsgott Thoth und den Tarotkarten aufzuzeigen.

Die Besonderheiten des Crowley-Tarot

Im Unterschied zu den mehr oder weniger schlichten Bildern aller vorhergehenden Tarotspiele, haben die Darstellungen im Crowley-Tarot etwas geheimnisvoll Faszinierendes. Gerade im Bereich der Kleinen Arkana übernahm Crowley nicht die anschaulichen Bilder, die Arthur Edward Waite entwickelt hatte, sondern brachte hier – ebenso wie in den Karten der Großen Arkana – die Bedeutung der

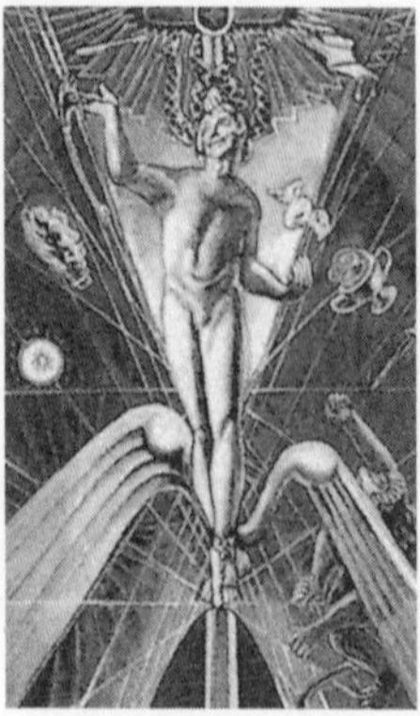

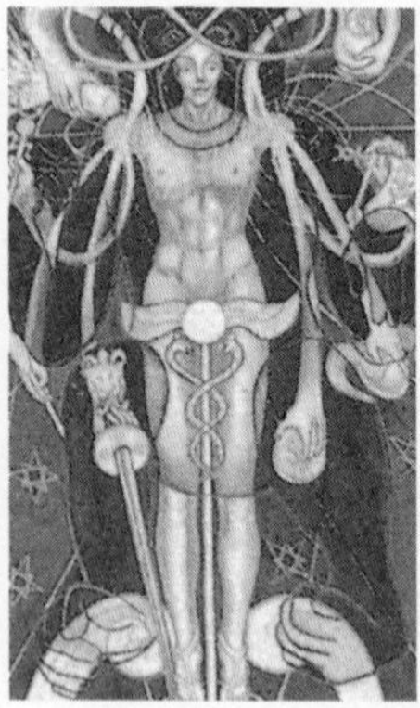

Der richtige Magier *und die zwei »neuen« Magier*

Karten vergleichsweise »abstrakt« in vielschichtigen Symbolen zum Ausdruck, die der Welt der Magie, der Astrologie, der Alchemie, der Kabbala, den Überlieferungen mediterraner Kulturen und keltischer Völker, insbesondere aber auch der geheimnisvollen Mythologie des alten Ägyptens entstammen. Das gibt seinen Karten eine enorme Tiefe, einen ganz eigenen Reiz und eine große Anziehungskraft. Für den Laien sind sie aber nicht so ohne weiteres zugänglich. Crowleys Tarot ist heute einer der beliebtesten und zugleich am wenigsten verstandenen.

Eine ungewöhnliche Überraschung beschert dieser Tarot bei erster Betrachtung auch dadurch, daß er scheinbar aus 80 Karten besteht. Dies liegt daran, daß es drei verschiedene Darstellungen des Magiers gibt.

Über die Rolle dieser zwei zusätzlichen Karten gibt es viel Rätselraten und nicht wenige Spekulationen. Ihr Auftauchen hat eine recht einfache Erklärung. Lady Frieda Harris hatte seinerzeit drei Entwürfe für die Karte des Magiers gemalt, von denen ihn eine in der Haltung der berühmten Hermesskulptur von Giovanni da Bologna zeigt, die man heute auf vielen Merkurbrunnen sehen kann. Crowley hat nur diese Darstellung als stimmig akzeptiert. Nach Auskunft des Kartenherstellers trug ein Mann namens Werner

Die 20. Karte der Großen Arkana

Ursprüngliche Darstellung als Auferstehung

Neue Darstellung als Geburt eines neuen Zeitalters

Ganser für die 1986 erfolgte Neuauflage der Karten Sorge. Als er im »Warburg Institute« in London die Originale betrachtete, fand er dort 80 Gemälde. Da ihm die beiden anderen Magier ebenfalls gefielen, schlug er vor, auch diese beiden Darstellungen dem Tarotdeck als Sammlerstücke beizufügen und es dem Käufer zu überlassen, sich einen Magier auszuwählen. An eine Erweiterung des Tarotdecks auf 80 Karten hat Werner Ganser dabei – nach eigenem Bekunden – nicht gedacht. Ob es mit dieser profanen Erklärung seine Bewandtnis hat oder ob es ein sinnvoller Zufall war, der einen bislang verborgenen Aspekt an die Öffentlichkeit brachte, darüber gehen die Meinungen auseinander.

Crowley hat einigen Karten der Großen Arkana einen neuen Namen gegeben: DIE GERECHTIGKEIT (VIII) wurde zur AUSGLEICHUNG, RAD DES SCHICKSALS (X), das im angelsächsischen Sprachgebrauch schon immer Glücksrad genannt wurde, heißt GLÜCK; KRAFT (XI) wurde zu LUST, MÄßIGKEIT (XIV) zu KUNST, GERICHT (XX) zu AEON und DIE WELT (XXI) zu DAS UNIVERSUM. Die einzig tiefgreifende Veränderung erfuhr aber nur die 20. Karte (Gericht), deren traditionelles Erlösungsthema nun der Vision eines neuen Zeitalters (Aeon) wich.

Innerhalb der Kleinen Arkana nennt Crowley den Satz der Münzen Scheiben, eine Bezeichnung, die aber auch schon in älteren Tarotsätzen auftaucht. Eine einleuchtende, wenn auch unbeweisbare Erklärung hierfür ist die Tatsache, daß der Satz der Münzen traditionell mit dem Element Erde verbunden wurde, die ihrerseits im mittelalterlichen Weltbild als Scheibe galt.

Wesentlicher dagegen ist die Neubenennung der Hofkarten, die für viel Verwirrung gesorgt hat. Der traditionellen Folge König, Königin, Ritter und Bube (Page) entspricht im Crowley-Tarot die Reihenfolge Ritter, Königin, Prinz und Prinzessin.

Neuere Tarotkarten

Seit den siebziger Jahren ist ein ständig wachsendes Interesse zu beobachten, durch das Tarot in einem noch nie dagewesenen Maße bekannt wurde. Zugleich entstanden überall neue Karten, so daß es inzwischen weit mehr als 500 verschiedene Tarotdecks gibt.[5] Erwähnenswert sind allerdings nur wenige, weil es sich hier überwiegend um eine dem Zeitgeist entsprechende inflationäre Aufblähung ohne wirkliche Substanz handelt und darüber hinaus in vielen Fällen um schlechte Kopien besserer Vorlagen. Deshalb sollen hier aus der Fülle nur drei genannt werden, die von bekannten Künstlern geschaffen wurden: der sehr schön gestaltete »Haindl-Tarot«, kommentiert von Rachel Pollack, sowie sein »Gegenstück«: Karten, die man erst nach innerer Überwindung mit der Kneifzange anzufassen bereit ist: »Baphomet«, der Tarot der Unterwelt, mit den eindringlichen Illustrationen des Schweizer Künstlers und Oskar-Preisträgers (»Alien«) Hans Ruedi Giger mit einem hintergründigen Kommentar von Akron. Bis heute in Deutschland unkommentiert geblieben sind die Karten, die vom berühmtesten Künstler des 20. Jahrhunderts stam-

[5] Eine ausführliche Auflistung und Besprechung der verschiedensten Tarotversionen findet sich bei *Eckhard Graf, Lexikon des Tarot, Stuttgart (Naglschmid) 1991.*

men: »Der Dalí-Tarot«, von dem Insider sagen, daß er als Collage von Amanda Lear zusammengestellt wurde, die bekanntlich längere Zeit bei Dalí lebte. All diese Künstler wandeln auf ehrwürdigen Spuren: 500 Jahre zuvor hatte schon Albrecht Dürer die Kupferstichkarten des wunderschönen Tarot von Andrea Mantegna kopiert.

Für welche Tarotkarten soll man sich entscheiden?

Sicherlich gibt es bei dieser Frage kein »richtig« und »falsch«. Es gibt auch keine Karten, die im Unterschied zu anderen, von sich aus bessere, treffendere oder umfassendere Antworten geben. Jedes Tarotdeck spricht seine eigene Sprache. Genausowenig wie wir von einer Sprache behaupten würden, sie sei im Unterschied zu einer anderen falsch, können wir das in bezug auf die Bildersprache der Tarotkarten tun. Aber sicherlich gibt es einfachere Sprachen, denen sehr hoch entwickelte Sprachen gegenüberstehen. Dies gilt im gleichen Maße für die verschiedenen Tarots. Entscheidend bei der Auswahl ist vor allem die Frage, von welchem Tarot man sich am meisten angezogen fühlt, und ob es hinreichend gute, erklärende Literatur dazu gibt, mit der sich die Sprache dieser Bilder verstehen läßt.

Die immer wieder anzutreffende Meinung, daß es doch eigentlich einerlei sei, welches Buch man zu welchem Tarot zu Rate zieht, weil die Karten doch eigentlich immer die gleiche Bedeutung hätten, ist eben falsch. Ebensowenig wie man einem Reisenden guten Gewissens raten kann, ein beliebiges Sprachlexikon mit auf seine Auslandsreise zu nehmen, weil doch eigentlich alle »richtig« sind. Wer nach Italien fährt, ist eben mit einem italienischen Wörterbuch am besten ausgerüstet, wobei er sich sicherlich auch mit einem spanischen Wörterbuch durchschlagen kann. Ähnliches gilt für die verschiedenen Bildersprachen, in denen sich die Tarotkarten ausdrücken. Diesem Unterschied wird dieses Buch gerecht. Es ist vor allem eine Übersetzungshilfe für den »Rider-Tarot« und den »Crowley-Tarot«, aber es ist auch für die Karten des »Marseiller-Tarot« geeignet. Genaueres dazu finden Sie in dem Leitfaden auf Seite 34.

Wie kann Tarot zu einem Wegbegleiter werden?

Tarot kann in allen Lebenssituationen – besonders aber in Krisen und bei tiefgreifenden Veränderungen – ein sehr wertvoller Gefährte sein, der unseren Blick im richtigen Augenblick auf das Entscheidende lenkt.

Vielen Menschen fallen gerade in schwierigen Zeiten offenbar nur die Fragen ein: »Wann ist die Krise endlich vorbei?« und »Wann geht es mir endlich wieder gut?« Dabei sind solche Fragen wahrscheinlich kaum ehrlich gemeint. Wer so fragt, will erfahrungsgemäß nur hören, daß es ihm sofort, spätestens aber ab morgen wieder gutgehen wird, und zwar für immer. Wenn wir Krisen jedoch als Situationen begreifen, in die unser höheres Selbst uns führt, damit unser Ich begreifen kann, was wir in dieser Welt zu lernen haben, dann wird die Unsinnigkeit solcher Fragestellungen deutlich.

Unser Ich neigt nun einmal dazu, am Vertrauten festzuhalten, und klammert sich – trotz vieler kluger Worte vom Loslassen und aller dazugehörigen Lippenbekenntnisse – sogar am vertrauten Elend fest, das ja schließlich den Vorteil hat, daß man es bestens kennt. Unser höheres Selbst dagegen will uns weiterführen, und weil das oftmals nicht anders geht, landen wir in einer Krise, die uns so lange gefangen hält, bis wir weich werden und bereit sind, uns auf den neuen Weg zu begeben.

Typische Situationen, die uns dahin führen wollen, sind alle Arten von Verlust: Verlust des Lebenspartners, des Berufs, der Wohnung, von finanzieller Sicherheit usw. Natürlich leidet unser Ich dabei sehr und möchte unter allen Umständen den verlorenen Partner oder Beruf wiederhaben, selbst dann, wenn es darüber zuvor nur gestöhnt, geklagt und gewettert hat. In all diesen Fällen heißt die stereotype Frage an die Tarotkarten: »Kriege ich ihn (sie, es) wieder?« Und falls dem Fragenden klar ist, daß das unmöglich ist, will er wissen, wann er, wenn schon nicht dasselbe, dann aber doch zumindest das gleiche wiederbekommt.

Es ist aber wohl kaum der höhere Sinn eines Verlustes, daß über kurz oder lang genau der gleiche Zustand wiederhergestellt wird. Die richtige Frage muß deshalb stets zu erkunden suchen, was wir zu lernen haben. Das aber ist häufig so subtil oder auch so unvorstellbar, daß wir die Antwort auf die direkt gestellte Frage nicht verstehen können. Wenn etwa eine plötzliche Kündigung oder eine Betriebsschließung einen Menschen arbeitslos macht, verbirgt sich dahinter ja nicht selten der Beginn eines völlig neuen Lebenswegs, der in ein völlig verändertes Umfeld mit gänzlich neuen Aufgabenstellungen führt. Bekäme der Betreffende in dieser Situation gesagt, welchen Beruf er einige Jahre später ausüben wird, würde er häufig nur ungläubig den Kopf schütteln. Gerade inmitten großer Veränderungsprozesse ist es eher die Regel, daß wir nicht begreifen können, wohin unser Lebensweg führt. Es scheint auch nicht so wichtig zu sein, in solchen Situationen das Endziel zu erkennen. Wichtig ist immer nur der nächste Schritt. Das ist auch der Name der Legemethode, die das Thema dieses Buches ist. Die dazugehörige Frage lautet: »Was ist wichtig?«, d.h. »Was ist angesichts der jetzigen Situation, dieser Krise, meines Vorhaben usw. wichtig?« So befragt, zeigen die Karten stets, worauf jetzt zu achten ist und wohin der nächste Schritt führt. Ist er vollzogen, wird der Tarot erneut befragt und wird so mit jedem Schritt ein immer vertrauterer Wegbegleiter. Wann immer wir festsitzen und nicht wissen, wie und wo es weitergehen soll, oder wann immer Radikalkuren versagten, mit denen wir uns gern und schnell aus einem verdorbenen Umfeld herausgerissen oder von einer schlechten Angewohnheit befreit hätten, zeigen die Tarotkarten zuverlässig, wie wir vielleicht langsam, dafür aber nachhaltig Schritt für Schritt »die Kurve kriegen«.

Leitfaden zum Gebrauch dieses Buches

1. Die Legemethode »Der nächste Schritt«

Dieses Buch macht in einer Weise mit Tarot vertraut, die es jedem ermöglicht, sich ohne Vorkenntnisse sogleich die Karten zu legen und auf diese Weise Tarot als einen Ratgeber kennenzulernen, der bei Entscheidungen hilft und wichtige Ausblicke eröffnet. Im Zentrum steht dabei die Legemethode »Der nächste Schritt«, die das Augenmerk auf das Hier und Jetzt richtet, auf das, was vor unseren Füßen liegt, aber oft genug nicht oder nicht richtig gesehen wird.

Wenn Sie es einfach versuchen möchten, können Sie sich sogleich die Karten legen. Gehen Sie dabei folgendermaßen vor:

- Führen Sie sich das Thema vor Augen, um das es Ihnen geht, und stellen Sie sich dazu nur die Frage: »Was ist jetzt wichtig?« Dabei kann es sich um Fragen aus allen Lebensbereichen handeln: um Beruf, Partnerschaft, Urlaub, die Verwirklichung von Projekten, die Vorbereitung auf Prüfungen, vor allem aber auch um die Bewältigung von Krisen, ebenso wie die Überwindung von unliebsamen Angewohnheiten und Abhängigkeiten. Wenn Sie sich das Rauchen abgewöhnen wollen, werden Sie mit dieser Vorgehensweise Tarot ebenso als hilfreichen Wegbegleiter kennenlernen wie bei der Suche nach der rechten Einstellung zu einer Krankheit oder der Bewältigung eines tiefen Kummers.
- Mischen Sie alle 78 Tarotkarten und breiten Sie diese dann verdeckt und fächerartig vor sich aus.
- Ohne sich weiter bewußt auf die Frage zu konzentrieren, ziehen Sie jetzt – mit der linken Hand – nacheinander vier Karten aus dem Fächer, die Sie verdeckt eine auf die andere legen. Gehen Sie bei dieser Auswahl so vor, wie es Ihrem Naturell entspricht. Es

gibt Menschen, die sich sehr viel Zeit lassen und deren Hand so lange über den Karten schwebt, bis es irgendwo kribbelt. Andere haben in Windeseile alle Karten beieinander. Der eine zieht mit offenen Augen, der andere mit geschlossenen. Manche zünden Kerzen an oder Räucherstäbchen, andere brauchen Ruhe und Abgeschiedenheit. Natürlich können Sie die Karten auf dem Tisch oder auf dem Boden ausbreiten. Keine Methode ist besser als die andere. Wichtig ist, daß Sie die Form finden, mit der Sie sich wohl fühlen, und die wird sich – wenn nicht von Anfang an dann ganz sicher mit der Zeit – ergeben.

– Decken Sie die Karten nun in der gezogenen Reihenfolge – also die unterste zuerst – auf, und legen Sie eine nach der anderen in dieser Form aus:

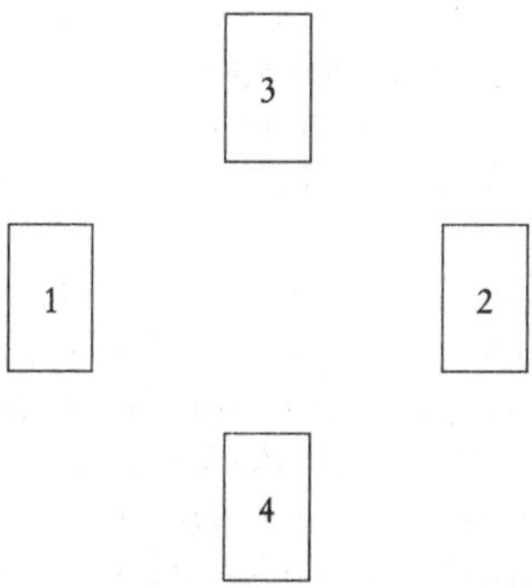

Die Bedeutung der einzelnen Plätze ist:

1 = Ausgangspunkt. Dort stehen Sie jetzt.
2 = Das ist – zumindest jetzt – nicht wichtig. Das müssen Sie weder anstreben noch befürchten. Das können und sollen Sie jetzt ruhig vernachlässigen.
3 = Das ist jetzt wichtig. In diese Richtung müssen Sie gehen. Das sollen Sie tun. Das müssen Sie beachten oder verstehen.
4 = Das wird Ihre nächste Erfahrung sein. Dorthin will Ihr höheres Selbst Sie als nächstes führen. Das bringt Ihnen Ihr nächster

Schritt. Wenn Sie dort angelangt sind – und das kann schon morgen sein, erfahrungsgemäß aber spätestens innerhalb der folgenden zwei Monate – dann, und wirklich erst dann, sollten Sie den Karten wieder die gleiche Frage stellen: »Was ist jetzt wichtig?« Falls die Bedeutung der vierten Karte einmal nicht klar genug zu bestimmen ist, um sie eindeutig mit einer Erfahrung in Verbindung zu bringen, wird Ihnen Ihr Gefühl verläßlich sagen, wann es wieder an der Zeit ist, den neuen »nächsten Schritt« zu legen.

Sehr wesentlich ist es, den vierten Platz nicht als das Ziel der Entwicklung mißzuverstehen. Irgendwann mag er das auch einmal sein, doch bis dahin zeigt diese Karte nur die nächste Erfahrung an, die gemacht werden muß, damit die Entwicklung weitergeht. Ihre wesentliche Bedeutung liegt also in der Signalwirkung: Sobald die von der vierten Karte beschriebene Erfahrung erlebt wird, steht ein neuer Schritt bevor. Die alten Karten haben ihre Bedeutung verloren, und nun geht es wieder um den nächsten Schritt.

Während also die Bewegung von Platz 1 (dort stehen Sie jetzt) zu Platz 4 geht (dahin bringt Sie Ihr nächster Schritt), lenken die Karten auf Platz 2 (nicht wichtig) und 3 (ganz und gar wichtig) Ihre Aufmerksamkeit in die richtige Richtung.

So führt uns diese Legemethode stets vor Augen, worauf wir auf unseren Wegen achten müssen, und sagt uns zudem von sich aus, wann es sinnvoll ist, die Karten wieder zum gleichen Thema zu befragen. Natürlich dürfen wir dabei nicht Opfer der sehr beliebten Wunschvorstellung werden, wir seien nur deshalb hier auf Erden, damit es uns gutgehe, und die Tarotkarten hätten nur die eine Aufgabe, uns schleunigst den Weg aus der Krise, hin zum großen Glück zu weisen. Selbstverständlich gehören zu jedem schwierigen Ablösungsprozeß Trauer und schmerzhafte Erkenntnisse. Es wäre wirklich absurd zu erwarten, diese Erfahrungen blieben uns mit Hilfe des Orakels erspart. Dessen große Bedeutung liegt ja vielmehr darin, uns auf schwierige Erfahrungen vorzubereiten; uns zu ermutigen, auch ein Tal der Tränen zu durchschreiten und uns dabei zugleich die ermutigende Gewißheit zu geben, daß diese Erfahrung richtig ist, daß es ohne den schmerzhaften Schritt nicht geht und daß es keine Abkürzungen gibt.

2. Die Bedeutung der gezogenen Karten

Die Bedeutung der von Ihnen gezogenen Karten können Sie nun im Hauptteil dieses Buches nachschlagen. Um die einzelne Karte schnell aufzufinden, müssen Sie zunächst feststellen, zu welcher der folgenden fünf Gruppen sie gehört:

- Handelt es sich um eine Karte der Großen Arkana, so ist sie im »Rider-Tarot« daran zu erkennen, daß sie eine Zahl und einen Namen hat. Alle übrigen Karten haben dort entweder eine Zahl oder einen Namen. Im »Crowley-Tarot« sind die Karten der Großen Arkana daran zu erkennen, daß im Hintergrund des Namens das Wort »Trümpfe« steht.
  Haben Sie eine Karte aus dieser Gruppe gezogen, dann finden Sie die Bedeutung am Anfang des Deutungsteils (S. 48 – 91). Zur schnellen Orientierung ist in der Kopfzeile jeder rechten Seite die Numerierung dieser Karten in römischen Ziffern (von 0 bis XXI) wiedergegeben.
- Handelt es sich um eine Karte der Kleinen Arkana, müssen Sie als nächstes feststellen, zu welchem der folgenden vier Sätze sie gehört, d.h. welches Symbol auf der Karte zu sehen ist:

Stäbe

Kelche

Schwerter

Münzen/Scheiben

Die Bedeutung dieser Karten können Sie, nach den vier Symbolen geordnet, ab Seite 92 nachschlagen. Dort sind die Karten stets von Eins (As) bis Zehn aufgelistet, gefolgt von Bube, Ritter,

Königin und König bzw. im »Crowley-Tarot« Prinzessin, Prinz, Königin und Ritter.

Auf der linken Buchseite im Deutungsteil finden Sie immer die grundsätzliche Bedeutung der Karte, die dem Tarot von Marseille entspricht, sowie die Akzente oder auch die Besonderheiten des Themas im »Rider-Tarot« und im »Crowley-Tarot«.

Auf der rechten Buchseite finden Sie dagegen die spezielle Bedeutung, die die jeweilige Karte auf den vier Plätzen hat. Natürlich lassen sich nicht alle denkbaren Antworten für die Vielzahl der möglichen Fragen in einen einzigen Satz zwingen. Deshalb finden Sie für jeden Platz etwa drei bis sechs Deutungstexte, von denen je nach Frage mal der eine, mal der andere bedeutungsvoll sein wird. Welcher Satz für Sie der richtige ist, darüber entscheidet allein Ihre Intuition, ganz spontan und ohne langes Nachdenken. Natürlich kann es gut sein, daß auch zwei oder sogar drei ähnliche Sätze für Sie zutreffen. Sollten Sie aber einmal hängenbleiben und wirklich nicht herausfinden, was die Karte für Sie an diesem Platz bedeutet, dann studieren Sie zunächst deren Grundbedeutung auf der linken Buchseite. Sollte auch das nicht weiterhelfen, dann lesen Sie die übrigen Texte auf der rechten Buchseite, und übertragen Sie den Inhalt sinngemäß auf die Bedeutung des entsprechenden Platzes. Wenn Sie auch danach die Aussage der Karte nicht verstehen, sollten Sie einige Tage abwarten. Erfahrungsgemäß handelt es sich dann um ein Thema, das Ihnen noch zu fremd ist, um zum Fragezeitpunkt verstanden zu werden, das dann aber plötzlich klar wird.

Bei wichtigen Entwicklungsschritten ist es sehr ratsam, die vier gezogenen Karten an den Spiegel zu hängen oder an einem Platz auszulegen, an dem Sie häufig vorbeikommen, so lange, bis die Erfahrung eingetreten ist, die von der vierten Karte in Aussicht gestellt wurde. So werden Sie nicht nur regelmäßig daran erinnert, was Sie bei Ihrem jetzigen Schritt vor Augen haben müssen, Sie werden darüber hinaus auch die Bedeutung der Karten immer besser verstehen.

3. Die Besonderheiten der Hofkarten

Die Hofkarten bedürfen einiger besonderer Bemerkungen. Zunächst sorgen die sich überschneidenden Bezeichnungen innerhalb der beiden hier besprochenen Tarots für viel Verwirrung. Die richtigen Entsprechungen sind:

Rider-Tarot	**Crowley-Tarot**
König	Ritter
Königin	Königin
Ritter	Prinz
Bube	Prinzessin

Die Bedeutungen, die diesen Karten nachgesagt werden, sind so groß wie die Zahl derjenigen, die dazu schriftlich oder mündlich ihre Erfahrungen und Meinungen kundgetan haben. Mal stehen sie für Personen, dann wieder für Ereignisse und Erfahrungen, und nicht selten für beides zugleich. Es ist nicht leicht, eine befriedigende und vor allem aussagefähige Deutungsgrundlage für diese 16 Karten zu finden. Sicher ist, daß sie in der Jahrmarktskartenlegerei eine Schlüsselrolle spielen, weil durch die Hofkarten immer die langersehnten Wohltäter und Traumfiguren versprochen werden. So etwa der reiche Onkel aus Amerika in Form des Königs der Münzen, der Märchenprinz als Ritter der Kelche und die Traumfrau – je nach Geschmack – als eine der vier Königinnen. Je anspruchsvoller aber Kartendeutung wird, um so schwieriger ist es, den Hofkarten eine Bedeutung zu entnehmen, die mehr sagt als der rothaarige Mann (König der Stäbe) oder die geheimnisvolle Frau (Königin der Kelche). Die Art, wie diese Karten im folgenden und in diesem Buch beschrieben werden, hat sich über viele Jahre bewährt:

Hier werden BUBEN (bei Crowley PRINZESSINNEN) nicht als Personen gedeutet (sie werden sonst oft als Kinder oder Mädchen interpretiert), sondern als Chancen, die sich dem Frager bieten. Im Unterschied zu einem As, das für eine Chance steht, die im Frager angelegt ist und entdeckt und entfaltet werden will, verweisen

Buben auf Chancen, die sich dem Fragenden von außen anbieten, ihm sozusagen über den Weg laufen.

RITTER (bei Crowley PRINZEN) werden oftmals als Jünglinge gedeutet. Hier aber stehen sie als Repräsentanten einer Stimmung oder charakterisieren eine für das Fragethema bezeichnende Atmosphäre. Sie können gut mit den mythologischen Winden verglichen werden:

Boreas = der eiskalte Nordwind = Ritter der Schwerter
Zephyros = der sanfte Westwind = Ritter der Kelche
Notos = der heiße Südwind = Ritter der Stäbe

Nur für Euros, den Ostwind, gibt es kein treffendes Bild. Der verbleibende Ritter der Münzen aber steht für ein stabiles Klima und für eine Atmosphäre, in der sich der Fragende sicher fühlt.

KÖNIGE und KÖNIGINNEN (bei Crowley RITTER und KÖNIGINNEN) stehen ausschließlich für Personen. In aller Regel wird ein Mann von einem König, eine Frau von einer Königin dargestellt. Aber so schön es auch wäre, zwingend ist diese Zuordnung nicht. Diese acht Personenkarten symbolisieren jeweils den männlichen und den weiblichen Aspekt der vier Elemente in folgender Zuordnung:

Stäbe	Feuer
Kelche	Wasser
Schwerter	Luft
Münzen (Scheiben)	Erde

Männlich und weiblich heißt hier: aktiv und passiv. Wenn Feuer zum Beispiel für Begeisterung und Motivation steht, dann ist der König eine Person, die andere begeistert und motiviert, die Königin (die das natürlich auch kann) ist hier dagegen als Person dargestellt, die sich gern begeistern und motivieren läßt. Es liegt auf der Hand, daß Männer und Frauen beide Rollen einnehmen können.

Aktives Feuer heißt, Willensstärke zu zeigen und Impulse zu setzen, während passives Feuer die Bereitschaft anzeigt, sich »anstecken« und mitreißen zu lassen.

Aktives Wasser heißt, Gefühle zum Ausdruck zu bringen, passives Wasser dagegen, eine grundlegende emotionale Ansprechbarkeit.

Aktive Luft heißt, mit einem analytischen Verstand vorzugehen, passive Luft bedeutet, für scharfsinnige Konzepte offen zu sein.

Aktive Erde heißt, für andere Sicherheit zu verkörpern während passive Erde für ein großes Sicherheitsbedürfnis steht.

Wenn Sie ein tieferes Verständnis darüber haben wollen, welche Charaktere sich hinter diesen Karten verbergen, so setzt das ein Studium der vier Elemente (oder der vier Temperamente) als eine aus alter Zeit stammende Charakterkunde voraus.[6] Im Deutungsteil dieses Buches werden die vier Charaktere jeweils nur kurz mit einem Stichwort gekennzeichnet, dem sich natürlich noch viele hinzufügen ließen, wie etwa:

Element	**Tarot-symbol**	**Benennung im Deutungsteil**	**Weitere typische Merkmale**
Feuer	Stäbe	temperamentvoll	dynamisch, willensstark, mutig, unternehmungslustig, ungeduldig, heißblütig, schwungvoll, begeisterungsfähig, optimistisch
Wasser	Kelche	einfühlsam	instinktsicher, hingebungsvoll, mitfühlend, fürsorglich, romantisch, hilfsbereit, medial, verträumt
Luft	Schwerter	klug	clever, kühl, distanziert, scharfsinnig, analytisch, unterhaltsam, nüchtern, geistreich, intellektuell
Erde	Münzen, Scheiben	realistisch	sachlich, bodenständig, tatkräftig, konsequent, treu, wirklichkeitsnah, praktisch, materiell

[6] Siehe dazu *Hajo Banzhaf, Der Mensch in seinen Elementen. Feuer, Wasser, Luft und Erde. Eine ganzheitliche Charakterkunde, München (Goldmann) 1994.*

4. Die Deutungsunterschiede zwischen den verschiedenen Tarotdecks

Sie können mit diesem Buch die Karten aus drei verschiedenen Decks einschließlich ihrer zum Teil vielfältigen Variationen deuten:

Auf der linken Seite finden Sie unter jeder Karte zunächst die allgemeine Bedeutung (entsprechend dem »Marseiller-Tarot«), dann die Aspekte, die der »Rider-Tarot« hervorhebt und die Besonderheiten im »Crowley-Tarot«. Da es eine Vielzahl von Überschneidungen gibt, läßt sich eine genaue Untergliederung auf der rechten Seite bei den einzelnen Deutungstexten für den »nächsten Schritt« nicht durchhalten, da es immer wieder zu Wiederholungen käme. Deshalb finden sich auf der rechten Buchseite allgemein gehaltene Texte. Sie sind mit Blick auf den »Rider-Tarot« geschrieben, aber sicherlich ähnlich treffend für den »Tarot von Marseille«. Wo die Karte im »Crowley-Tarot« einen anderen Aspekt hervorhebt, finden Sie den zusätzlichen Hinweis *Betonung bei Crowley.* Falls die Crowleykarte aber etwas ganz anderes ausdrückt, heißt es *Besonderheit bei Crowley.*

Woher haben die Karten ihr »Wissen«, und wie zuverlässig ist ihr Ratschlag?

Auf diese Fragen gibt es sicherlich keine hinreichend beweisbare Antwort, wohl aber plausible Vermutungen. Im Gegensatz zu den vielen Mutmaßungen, die den Grund für die Bedeutung und Verläßlichkeit des Kartenorakels nach außen verlegen (hilfreiche Geister, andere Welten usw.), scheint es sich hier um ein Phänomen zu handeln, bei dem unser Unbewußtes sein Wissen aus der Tiefe offenbart. Daß es diese vorausahnenden Kräfte in uns gibt, erlebt jeder früher oder später in seinem Leben. Sie offenbaren sich durch Träume, durch Eingebungen, durch manche Unerklärlichkeiten und durch die zahllosen sinnvollen Zufälle, durch die wir in unserem Leben weit mehr geleitet werden, als unser Verstand es glauben mag. Von diesem inneren Wissen hat sich der moderne Mensch so weit abgeschnitten, daß Sigmund Freud zu Beginn dieses Jahrhunderts schon einige Mühe hatte, die Existenz des Unterbewußten zu propagieren und salonfähig zu machen. Damals wollte niemand von derartig irrationalen Dingen etwas wissen. Erfreulicherweise hat sich das seitdem gründlich geändert. Das Interesse an allem, was über die einseitige Enge der Rationalität hinausführt ist allenthalben spürbar gewachsen. Nun scheint es besonders wichtig, nicht eine Einseitigkeit gegen eine andere einzutauschen, indem man heute das wiederentdeckte Irrationale an die Stelle der vertriebenen Rationalität setzt. Es ist an der Zeit zu begreifen, daß wir zwei Ohren haben, um stereophonisch zu hören, zwei Augen, um perspektivisch zu sehen, und zwei Gehirnhälften, um das Ganze zu erfassen, welches das Bewußte und das Unbewußte, das Rationale und das Irrationale einschließt.

Raum und Zeit sind Ordnungsstrukturen unseres Bewußtseins. Unser Unbewußtes aber geht über diese Grenzen hinaus und kann sich auch ein Bild von künftigen Erfahrungen machen. Dieses Wissen taucht dann in Form von Bildern als Traum oder auch in der zufälligen Konstellation einer Tarotlegung aus dem Unbewußten auf. Daß gerade das Zufällige bei dieser Art von Orakel das wirklich Entscheidende ist, hat die bekannte Jungianerin Marie-Louise von Franz in einer tiefenpsychologischen Studie sehr einleuchtend nachgewiesen.[7] Darin verdeutlicht sie zudem, daß der Glaube, etwas sei erst dann wirklich bewiesen, wenn man es beliebig oft wiederholen könne, nur für Erfahrungen aus dem rationalen Bereich gilt. Für die Welt des Irrationalen gilt genau das Gegenteil: Die einzigartige Zufälligkeit ist entscheidend. Der Versuch, durch eine Wiederholung etwas als richtig oder als falsch zu beweisen, ist in diesem Erfahrungsbereich das falsche Mittel.

Somit ist hier alles (sinnvoller) Zufall: Er beginnt schon dort, wo Sie sich für ein bestimmtes Tarotdeck entscheiden, und er setzt sich fort über den Zeitpunkt, die Auswahl der Karten, die Art sie auszulegen bis hin zu der Aussage, die sie spontan mit der Karte verbinden.

Wie ernst sollte man dann den Ratschlag der Karten nehmen? Sicher gilt auch hier wie anderswo die Regel, daß wir unsere Seele nicht verkaufen dürfen. Es kann nicht darum gehen, vom Tarot abhängig zu werden, die Eigenverantwortung an die Karten abzugeben und das Haus nur noch zu verlassen, wenn man »gute Karten« hat. Ziel der Kartenbefragung muß es sein, einen Dialog zwischen dem Bewußten und dem Unbewußten herzustellen. Das Unbewußte buchstabiert seine Sicht der Dinge in Form von Bildern (Träumen, Tarotkarten) und es ist die Aufgabe des Bewußten diesen Ratschlag zu verstehen und ernst zu nehmen. Ebenso ernst wie den Ratschlag des alten, weisen Menschen, den wir oftmals gerne hören möchten, der uns aber ebensowenig von unserer Eigenverantwortung entbinden würde.

[7] *Marie-Louise von Franz, Wissen aus der Tiefe. Über Orakel und Synchronizität, München (Kösel) 1987.*

Wie weitsichtig und treffend dieser Rat sein kann, auch wenn die äußeren, erkennbaren Faktoren eher für eine andere Vorgehensweise zu sprechen scheinen, zeigt das folgende Beispiel:

Deutungsbeispiele

In einer zerstrittenen Beziehung zeigten die Tarotkarten den Weg zu einem Friedensschluß über drei einander folgende »nächste Schritte«:

Platz 1 = 4 Münzen = Ausgangssituation:
Sie drehen sich im Kreis. Sie haben sich festgefahren. Sie haben eine starre Haltung eingenommen.

Platz 2 = Herrscherin (III) = Jetzt geht es nicht darum:
die Angelegenheit mit Leben zu erfüllen, Neues in die Welt zu tragen, etwas wachsen zu lassen.

Platz 3 = 4 Kelche = Statt dessen ist jetzt wichtig:
zu zeigen, daß Sie beleidigt und sauer sind; sich die Zeit zu nehmen, den »Kater« auszukurieren; trotz allen Unmuts wertvolle Chancen nicht zu übersehen.

Platz 4 = 6 Münzen = Ihr nächster Schritt führt Sie:
zu einer großzügigen Geste, zu einer toleranten und verständnisvollen Haltung.

In diesem Fall war es die verständnisvolle Haltung, die sich bei der Fragerin zwei Tage später einstellte. Daraufhin legte sie den folgenden »nächsten Schritt«:

Platz 1 = Ritter der Kelche = Ausgangssituation:
Sie sind gut gelaunt und befinden sich in einer ruhigen und entspannten Phase. Sie sind fröhlich und friedlich. Sie sind sehr verliebt.

Platz 2 = 5 Kelche = Jetzt geht es nicht darum:
zu verzweifeln oder sich alleingelassen zu fühlen, unglücklich zu sein.

Platz 3 = 5 Schwerter = Statt dessen ist jetzt wichtig:
sich Luft zu machen; sich mit allen Mitteln durchzuschlagen; sich eiskalt oder sogar gemein zu zeigen.

Platz 4 = 6 Stäbe = Ihr nächster Schritt führt Sie:
zu einer guten Nachricht oder einer beglückenden Erfahrung; zur Belohnung für Ihren Einsatz; zum Sieg.

Die Karten rieten der Fragerin also trotz ihrer gegebenen Bereitschaft zur Versöhnung (Ritter der Kelche) davon ab, jetzt schon einzulenken, und empfahlen ihr sogar im Gegenteil, sich von ihrer unangenehmsten Seite zu zeigen (5 Schwerter) und ohne Angst vor Kummer und Sorgen (5 Kelche) bis zum Sieg durchzuhalten (6 Stäbe).

Es dauerte drei Wochen, bis der Partner einlenkte. Der »nächste Schritt« sah diesmal so aus:

Platz 1 = Bube der Münzen = Ausgangssituation:
Sie sind offen für einen guten, handfesten Vorschlag. Man hat Ihnen ein gediegenes Angebot gemacht.

Platz 2 = 7 Stäbe = Jetzt geht es nicht darum:
einen Streit vom Zaun zu brechen; etwas auszufechten; sich dem Kampf zu stellen, sich zu behaupten und durchzusetzen.

Platz 3 = Die Mäßigkeit (XIV) = Statt dessen ist jetzt wichtig:
Gleichmut, Harmonie und Frieden anzustreben oder zu bewahren. Die Angelegenheit ruhig und gelassen zu betrachten.

Platz 4 = 7 Münzen = Ihr nächster Schritt führt Sie:
zu der Gewißheit, daß die Zeit für Sie arbeitet; in eine langsame aber nachhaltige Wachstumsphase.

In diesem Fall rieten die Tarotkarten also ganz deutlich, jetzt nicht weiterzustreiten (7 Stäbe), sondern das Angebot (Bube der Münzen) anzunehmen und Frieden zu schließen (Mäßigkeit), auch wenn es noch Zeit braucht, bis die Krise wirklich überwunden ist und die Früchte daraus reif geworden sind (7 Münzen).

Die Zahlensymbolik als Schlüssel zu den Karten der Kleinen Arkana

Zur Deutung der 40 Zahlenkarten (As bis 10) wurde stets die Symbolik der jeweiligen Zahl – wie sie in diesen Karten zum Ausdruck kommt – mit zugrunde gelegt. Dabei handelt es sich oft nur um einen kleinen Ausschnitt aus der Gesamtbedeutung, den eine Zahl innerhalb der Zahlenmystik hat. So ist die Fünf als Zahl des Menschen, der Quintessenz, der verborgenen Bedeutung, des geheimen Sinns usw. sehr eng gefaßt, wenn sie hier als Zahl der (notwendigen) Krise und der Herausforderung beschrieben wird. Andererseits ist es eben nur diese Reduzierung auf wenige Aspekte, die die Zahlensymbolik zu einem interessanten und hilfreichen Schlüssel zum Verständnis der Zahlenkarten werden läßt.

Einen Überblick über die Entsprechung der Zahlensymbolik mit den Zahlenkarten im »Rider-Tarot« gibt die folgende Tabelle:

Tarotsatz	**Stäbe**	**Kelche**	**Schwerter**	**Münzen**
Element	**Feuer**	**Wasser**	**Luft**	**Erde**
Ausdrucksebene	**Wachstum und Entfaltung**	**Gefühle**	**Verstand**	**Arbeit, Dauerhaftes**
Zahl/Bedeutung				
1 = Initiative, Impuls, Chance, die es zu finden gilt	Chance zur Selbstentfaltung	Chance, Erfüllung zu finden	Chance zu klarer Erkenntnis	Chance, bleibendes Glück zu finden
2 = Polarität	Neutralität, Spannungsarmut	Anziehungskraft der Gegensätze	Zweifel	Abwechslung, Wankelmut
3 = Stabilität	Sicherheit und gute Aussichten	Dankbarkeit und Zufriedenheit	Unbequeme Einsichten	Prüfung bestehen, Erfolg haben
4 = Verfestigung	Frieden und (Welt-)offenheit	Unmut, Frustration	Stillstand	Festhalten, Klammern
5 = Herausforderung, Krise	Wettkampf, Kraftprobe	Kummer und Trauer	Demütigung, Gemeinheit	Armut, Entbehrung, Durststrecke
6 = Vereinigung, Hilfe	Hilfreiche Nachricht, Erfolg	Kraft der Erinnerung	Hilfreiche Veränderung	Großmut, Großzügigkeit, Hilfsbereitschaft
7 = Risiko, Gefahr, Kampf, Probe	Selbstbehauptungskampf	Schwärmerei, Weltflucht	Lug und Trug, List und Tücke	Geduldsprobe
8 = Veränderung, Wandlung, Neubeginn	Neues kündigt sich an	Aufbruch ins Ungewisse	Engpaß	Aussichtsreicher Neuanfang
9 = Rückzug (nach innen), Sammlung	Bedrohung, Verschlossenheit, Abwehr	Lebensfreude, Genuß	Reue, Alptraum	Glück, die Gunst des Augenblicks
10 = Fülle (viel oder zuviel)	Überforderung	Hoch-Zeit	Zerstörung, Schlußstrich	Reichtum

Deutungsteil

0
Der Narr

Der Narr ist Ausdruck einer vorurteilslosen Offenheit für alles Neue, für Neugier, Spontanität, Unbekümmertheit und Zuversicht. Er steht für den kreativen Urgrund, den wir häufig als chaotisch erleben, der aber stets etwas Neues hervorbringt. Im *Rider-Tarot* wird die Instinktsicherheit als wichtiger Hinweis darauf betont, daß der Fragende in der von dieser Karte angezeigten Anfangssituation geschützt ist, wenn er auf seine Instinkte hört. Dagegen zeigt die Karte im *Crowley-Tarot* den April-Narren als Symbol des Urstoffs, der »prima materia«, aus der alles entsteht und entstanden ist, und legt damit die Bedeutung nahe, daß mit diesem »Joker« alles Neue und alle Entwicklungen möglich sind.

Platz 1: Ausgangssituation:
Die Situation ist ziemlich chaotisch
Es ist Ihnen zu langweilig, und Sie möchten etwas Neues erleben
Sie sind ein »Narr« gewesen
Sie stehen der Angelegenheit unerfahren und blauäugig gegenüber
Betonung bei Crowley: Noch ist alles möglich

Platz 2: Jetzt geht es nicht darum:
- nach neuen Erfahrungen zu suchen
- sich auf Neues einzulassen
- sich leichtfertig und unbekümmert zu geben
- blauäugig herumzuexperimentieren
- einen »Joker« auszuspielen

Betonung bei Crowley: für alle Möglichkeiten offen zu sein

Platz 3: Statt dessen ist es jetzt wichtig:
- es einfach mal zu versuchen
- neugierig und staunend Neuland zu betreten
- offen, spontan, unbekümmert und vorurteilslos an Ihr Vorhaben zu gehen
- sich auf die eigenen Instinkte zu verlassen
- den richtigen Riecher zu haben

Betonung bei Crowley: die vielfältigen Möglichkeiten zu erkennen und zu nutzen

Platz 4: Ihr nächster Schritt führt Sie:
- zu großer Instinktsicherheit
- in eine völlig verrückte Situation
- zu einem Neuanfang oder in ein völlig neues Umfeld
- zum mutigen Absprung in eine neue Lebensphase
- zu Sorglosigkeit und unbekümmerter Lebensfreude
- in ein Chaos, aus dem etwas ganz Neues entsteht

Betonung bei Crowley: in eine Situation, in der alles offen ist

I
Der Magier

Der Magier steht für das männliche, aktive Prinzip, für die impulsgebende Kraft, für Initiative und Schöpfergeist. Er symbolisiert die solare Kraft, das forschende und erkennende Bewußtsein, das die Wirklichkeit, in der wir leben, durchdringt und erforscht, um ihre Gesetze zu verstehen. So zeigt die Karte im *Rider-Tarot* den Meister, der die hermetischen Gesetze studierte und mit diesem Wissen seine Lebensaufgabe zu lösen versteht. Sie zeigt an, daß wir aktiv sind und gelernt haben, unsere Aufgaben geschickt zu lösen und zu meistern. Der *Crowley-Tarot* zeigt uns den Trickser, der ebenfalls spielerisch und raffiniert mit seinem Wissen umgeht und mit Leichtigkeit seine Aufgaben meistert, dem es aber auch eine diebische Freude bereiten kann, andere zu bluffen oder hinters Licht zu führen.

Platz 1: Ausgangssituation:
Sie haben sich bisher geschickt verhalten
Sie haben Ihre Einfluß- und Willenskraft gezeigt
Sie haben mit großer Energie erreicht, was Sie wollten
Sie sind der Überlegene
Sie haben in der Sache die Initiative ergriffen
Betonung bei Crowley: Sie haben Ihre Aufgabe bislang locker gemeistert

Platz 2: Jetzt geht es nicht darum:
- aktiv vorzugehen und erfolgreich zu sein
- selbstsicher und entschieden aufzutreten
- ein Meisterstück zu vollbringen
- Ihren Einfluß geltend zu machen
- Ihre Kraft und Willensstärke zu beweisen
- den großen »Zampano« zu spielen
- den Boß heraushängen zu lassen

Betonung bei Crowley: zu tricksen oder besonderes Geschick zu zeigen

Platz 3: Statt dessen ist es jetzt wichtig:
- Initiative zu ergreifen und auf Erfolg zu setzen
- Ihre Aufgaben zu meistern und klar und eindeutig zu sein
- Ihre Überlegenheit zu zeigen
- Ihre schöpferischen Fähigkeiten zu zeigen

Betonung bei Crowley: einen Geniestreich zu vollbringen

Platz 4: Ihr nächster Schritt führt Sie:
- zu neuer Kraft und Initiative
- zu Erfolg und Einfluß
- zur Meisterung Ihres Vorhabens
- zu einer Erfahrung, die Ihnen Kraft gibt

Betonung bei Crowley:
- zu einem raffinierten Schachzug
- zu einer geschickten Lösung

II
Die Hohepriesterin

Die Hohepriesterin verkörpert die Lebenskunst des »Geschehenlassen-Könnens«. Sie steht für das passive Prinzip, die Bereitschaft, sich führen zu lassen, die Fähigkeit, geduldig zu warten, bis die innere Stimme uns auffordert zu reagieren. Sie steht auch für urweibliches Denken, das instinktsicher zwischen stimmig und unstimmig zu unterscheiden weiß und nur das als Wahrheit anerkennt, was im Inneren richtig »stimmt«. Im *Rider-Tarot* erscheint sie als Maria mit der Thorarolle im Schoß als Ausdruck der Weisheit des Schoßes, die höher steht als alle Buchstabengläubigkeit. Der *Crowley-Tarot* zeigt Isis zu Saïs. Ihr Standbild war verschleiert, und wer sich uneingeweiht Zutritt verschaffte, war des Todes. Das tiefe Mysterium um Leben und Tod schützt sie mit den Waffen in ihrem Schoß. So warnt diese Karte denjenigen, der sich gewaltsam, unvorbereitet, dilettantisch, respektlos oder auch einfach nur zur falschen Zeit mit den Tiefen der lunaren Weisheit (dem Unbewußten) befaßt. Ihm droht geistige Umnachtung.

Platz 1: Ausgangssituation:
Sie haben Geduld und Verständnis gezeigt
Sie haben sich bislang zurückgehalten und auf den rechten Augenblick gewartet
Sie haben sich von Ihrer inneren Stimme leiten lassen
Sie haben sich inspirieren lassen
Betonung bei Crowley: Sie haben auf Ihre Intuition vertraut

Platz 2: Jetzt geht es nicht darum:
- von Intuition, sicherem Gespür oder höherer Eingebung zu schwafeln
- abzuwarten und Geduld zu zeigen
- die Dinge einfach geschehen zu lassen
- sich in Ihre Innenwelt zurückzuziehen

Betonung bei Crowley: sich den Kräften des Unbewußten anzuvertrauen oder sie zu fürchten

Platz 3: Statt dessen ist es jetzt wichtig:
- auf die innere Stimme und Intuition zu vertrauen
- der Angelegenheit Zeit zu geben, sich zu entwickeln
- sich der Welt des Irrationalen zu öffnen
- Ihrem Gespür zu vertrauen
- abzuwarten, bis Ihre innere Stimme Ihnen sagt, was zu tun ist

Betonung bei Crowley: hinter den Schleier zu blicken, ohne ihn zu zerreißen

Platz 4: Ihr nächster Schritt führt Sie:
- zu tiefer Einsicht und großem Verständnis
- zu Geduld und Bereitschaft, die Dinge geschehen zu lassen
- zur Gewißheit, geführt zu werden
- in eine Phase, in der Sie vertrauensvoll warten, bis Ihre innere Stimme Ihnen deutlich sagt, wann und wie Sie reagieren sollen

Betonung bei Crowley: zur Begegnung mit der Macht des Unbewußten

III
Die Herrscherin · Die Kaiserin

Diese Karte zeigt Mutter Natur als Verkörperung aller Lebenskraft. Sie steht für die Wachstumskräfte und für den fruchtbaren Boden, aus dem alles Neue hervorgeht und auf dem sich bereits Entstandenes üppig entfalten kann. Der *Rider-Tarot* hebt vor allem den fruchtbaren Aspekt hervor und betont (mit dem Venuszeichen), daß diese Karte die friedvolle Seite von Mutter Natur in den Vordergrund stellt. Der *Crowley-Tarot* zeigt die Kaiserin als das »Salz der Erde«. Hierbei liegt die Betonung auf den zyklischen Bewegungen ihrer Wachstumskräfte, womit ausgedrückt ist, daß alles seine Zeit hat, das Werden wie das Vergehen, und daß es die Aufgabe des Menschen ist, seinen Einklang mit diesen natürlichen Rhythmen zu finden.

Platz 1: Ausgangssituation:
Die Angelegenheit steht auf fruchtbarem Boden
Sie befinden sich in einer kreativen Phase
Es geht darum, Neues in die Welt zu bringen
Sie sind sehr lebendig
Betonung bei Crowley: Sie vertrauen auf die natürlichen Zyklen und Wachstumskräfte

Platz 2: Jetzt geht es nicht darum:
- etwas wachsen (weiterwachsen) zu lassen
- neuen, fruchtbaren Boden zu betreten
- die Angelegenheit mit Leben zu erfüllen
- Neues in die Welt zu tragen

Betonung bei Crowley: darauf zu vertrauen, die Angelegenheit würde zu ihrer Zeit schon von selbst wachsen und Früchte tragen

Platz 3: Statt dessen ist es jetzt wichtig:
- daß Sie kreativ werden
- daß Sie neues Leben in die Welt tragen
- daß Ihr Vorhaben auf fruchtbaren Boden fällt und lebendig wird
- neue Möglichkeiten zu entwickeln
- daß Sie sich dem Leben öffnen

Betonung bei Crowley: die natürlichen Wachstumskräfte und -phasen zu erkennen und zu nutzen

Platz 4: Ihr nächster Schritt führt Sie:
- zu einer sprudelnden Quelle
- zu neuer Lebendigkeit
- in eine neue Wachstumsphase
- in ein kreatives Umfeld
- zu neuen Möglichkeiten
- zurück zu Mutter Natur

Betonung bei Crowley: zum Einklang mit den natürlichen Rhythmen und Zyklen

IV
Der Herrscher · Der Kaiser

Diese Karte steht für Recht und Ordnung, für Struktur, Konsequenz, Verantwortungsbereitschaft und nüchterne, wirklichkeitsnahe Vorgehensweise. Häufig bedeutet sie, daß etwas, das schon lange beabsichtigt, geplant oder vorbereitet wurde, nun konkret Gestalt annimmt. Zugleich bedeutet diese Karte Sicherheit und drückt damit Willen, Kraft und Entschlossenheit aus, das Erreichte zu verteidigen. Der *Rider-Tarot* macht deutlich, daß es sich trotz aller Strenge und Härte beim Herrscher nicht um eine negative Energie handelt, sondern, im Gegenteil, um eine lebenschützende und -erhaltende Kraft handelt. Die gleiche Bedeutung kommt der Karte im *Crowley-Tarot* zu, wobei hier aber die treibende Kraft, der dynamische Aspekt besonders herausgestellt wird.

Platz 1: Ausgangssituation:
Sie haben die Verantwortung übernommen
Sie haben für Stabilität und Ordnung gesorgt
Sie haben ein klares Konzept entwickelt, um Ihr Vorhaben zu verwirklichen
Sie haben hart gearbeitet, und Ihnen wurde nichts geschenkt
Sie haben die Form gewahrt
Sie haben Ihr Vorhaben ausgeführt

Platz 2: Jetzt geht es nicht darum:
- alles unter Kontrolle zu haben
- auf die äußere Form zu achten
- Vorsätze in die Tat umzusetzen
- für Sicherheit und Stabilität zu sorgen
- Autorität herauszukehren
- sich abzugrenzen

Platz 3: Statt dessen ist es jetzt wichtig:
- klare Akzente zu setzen und Nägel mit Köpfen zu machen
- den roten Faden nicht zu verlieren
- sich einen klar umrissenen Rahmen zu schaffen
- Ihren Plänen Gestalt zu verleihen
- für Recht und Ordnung zu sorgen
- Ihren Willen durchzusetzen

Platz 4: Ihr nächster Schritt führt Sie:
- zur Verwirklichung Ihres Vorhabens
- in eine Vorgesetzten- oder Vaterrolle
- zu Verantwortungsbereitschaft
- zu klaren Verhältnissen
- zu wirklichkeitsnaher Sicht der Dinge

V
Der Hierophant · Der Hohepriester

Der Hohepriester[8] ist der Wegweiser auf der Suche nach der verborgenen Bedeutung aller Dinge. Damit steht er für Sinnsuche und Sinnerfahrung, für Glauben und Glaubensgewißheit und vor allem für das Vertrauen in den Sinn unseres Lebens und den Sinn all dessen, was wir erleben und erfahren. So ist der Hohepriester häufig ein Hinweis auf den sinnvollen Weg im doppelten Sinne des Wortes. Im *Rider-Tarot* liegt das Schwergewicht dieser Karte in der Suche nach der Quintessenz und im Begreifen dieser größeren (Sinn-) Zusammenhänge. Dagegen warnt die Karte im *Crowley-Tarot* vor leeren Formeln und hohlen Worthülsen, die den sinnsuchenden Menschen eher betäuben statt ihm das Gefühl zu geben, in den Lebenssinn eingebunden und von ihm getragen zu sein. So fordert diese Karte den Fragenden auf, sich auf der Suche nach dem Eigentlichen nicht mit billigen Antworten abspeisen zu lassen.

Platz 1: Ausgangssituation:
Sie haben an den Sinn der Sache geglaubt
Sie haben anderen Vertrauen geschenkt
Sie haben sich nach der Bedeutung gefragt
Sie sind Ihren moralischen Grundsätzen treu geblieben
Betonung bei Crowley: Ihnen ist der Sinn verloren gegangen

Platz 2: Jetzt geht es nicht darum:
- Vertrauen zu zeigen
- gute Absichten zu haben
- einem Lehrer oder einer Lehre zu folgen
- nach dem Sinn zu fragen

Betonung bei Crowley: hohle Versprechungen zu machen

Platz 3: Statt dessen ist es jetzt wichtig:
- voller Gottvertrauen auf die Angelegenheit zuzugehen
- den tieferen Sinn zu suchen und zu verstehen
- Ihre wahre Berufung zu finden
- Ihr Gewissen zu befragen

Betonung bei Crowley: einen lebendigen Glauben zu entfalten

Platz 4: Ihr nächster Schritt führt Sie:
- zu tieferer Wahrheit
- zu einer spirituellen Einsicht
- zu einer sinnvollen Aufgabe oder Erfahrung
- zu neuem Vertrauen in den Sinn dessen, was Ihnen begegnet

Betonung bei Crowley: aus Halbwahrheiten hinaus zur wirklichen Bedeutung

[8] Hierophant (griech. = einer, der die heiligen Dinge lehrt) ist der Name des Hohenpriesters in den antiken Mysterienkulten Griechenlands und Ägyptens.

VI
Die Liebenden

In älteren Tarots wurde diese Karte oft »die Entscheidung« genannt. Dort liegt auch ihre ursprüngliche Bedeutung. Weit weniger oft als gemeinhin angenommen sind die Liebenden ein Hinweis auf eine liebevolle Begegnung. Statt dessen steht diese Karte für die Herzensentscheidung, die einem Beruf, einer Reise oder jedem anderen Vorhaben gelten kann. Wo diese Herzensentscheidung einem anderen Menschen gilt, ist sie sicherlich die Basis einer großen Liebe. Im *Rider-Tarot* wird die freie Entscheidung aus vollem (und reinem) Herzen hervorgehoben und die damit verbundenen Hochgefühle. Im *Crowley-Tarot* liegt die Betonung auf der Vereinigung der Gegensätze als »entscheidender« Schritt beim großen Werk der Alchemie. So liegt die Bedeutung hier sowohl im segensreichen Zusammentreffen und im Verschmelzen unterschiedlicher Faktoren, als aber auch in der beherzten Entscheidung.

Platz 1: Ausgangssituation:
Sie haben sich aus freien Stücken und vollem Herzen entschieden
Sie fühlen sich verstanden und angenommen
Sie haben die Kraft der Liebe gespürt
Ihr Herz ist entflammt
Betonung bei Crowley: Es ist Ihnen gelungen, Gegensätze miteinander zu vereinen

Platz 2: Jetzt geht es nicht darum:
- eine Gefühlsentscheidung zu treffen
- nach der »großen Liebe« Ausschau zu halten
- voll Sympathie und Liebe auf die in Frage stehende Angelegenheit zuzugehen

Betonung bei Crowley: sich mit (einem) anderen zu verbinden

Platz 3: Statt dessen ist es jetzt wichtig:
- sich zu einer beherzten Entscheidung durchzuringen
- sich von liebevollen Gefühlen leiten zu lassen
- vorbehaltlos zu einer getroffenen Entscheidung zu stehen
- Ihr Herz zu öffnen

Betonung bei Crowley: Widersprüche zu überwinden und Gegensätze zu vereinen

Platz 4: Ihr nächster Schritt führt Sie:
- zu einer klaren Entscheidung aus vollem Herzen
- zu einer sehr liebevollen Erfahrung
- zu beherzter Entschlossenheit
- zur wahren Liebe

Betonung bei Crowley: zu tiefer Verbundenheit und echter liebevoller Gemeinschaft

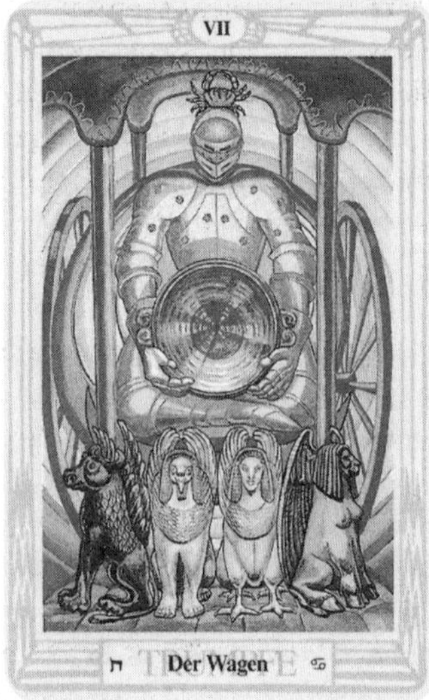

VII
Der Wagen

Der Wagen steht für den Aufbruch der Kräfte, für den großen Sprung nach vorn und für die Überwindung von Gegensätzen. Zuversicht, Mut und Entschlossenheit sind wesentliche Merkmale für diesen entscheidenden Schritt. Im *Rider-Tarot* werden die hohen Ziele oder zumindest die guten Absichten betont, die zu diesem Aufbruch führten. Außerdem besagt die Karte, daß hier der erste Schritt zur Erlösung oder zur Lösung von Problemen getan wird. Die *Crowley-Karte* hebt die ruhevolle Sammlung hervor, die meditative Ausrichtung auf das Ziel, als wichtige Voraussetzung für jeden entscheidenden Schritt.

Platz 1: Ausgangssituation:
Sie wollen schnellstens weg
Sie haben einen Schritt nach vorne gemacht
Sie haben Risikofreude gezeigt
Sie haben das Alte und Vertraute schon hinter sich gelassen
Betonung bei Crowley:
Sie konzentrieren sich auf den nächsten Schritt

Platz 2: Jetzt geht es nicht darum:
- kämpferisch, ehrgeizig oder wagemutig aufzutreten
- die vertraute Umgebung zu verlassen
- neue Wege zu gehen
- aufzubrechen oder davonzulaufen

Betonung bei Crowley: sich auf Neues vorzubereiten

Platz 3: Statt dessen ist es jetzt wichtig:
- einen Pionierstreich zu wagen
- voller Mut und Risikofreude (endlich) aufzubrechen
- zielstrebig und mit Freude den eigenen Weg zu suchen
- Neuland zu betreten

Betonung bei Crowley: Kräfte für das Neue zu sammeln

Platz 4: Ihr nächster Schritt führt Sie:
- zu einem großen Sprung nach vorne
- zum Beginn einer neuen Laufbahn
- zu größerer Risikobereitschaft
- zum Aufbruch aus Ihrer vertrauten Umgebung
- in ein Abenteuer

Betonung bei Crowley: zur kraftvollen Ruhe vor dem großen Sprung

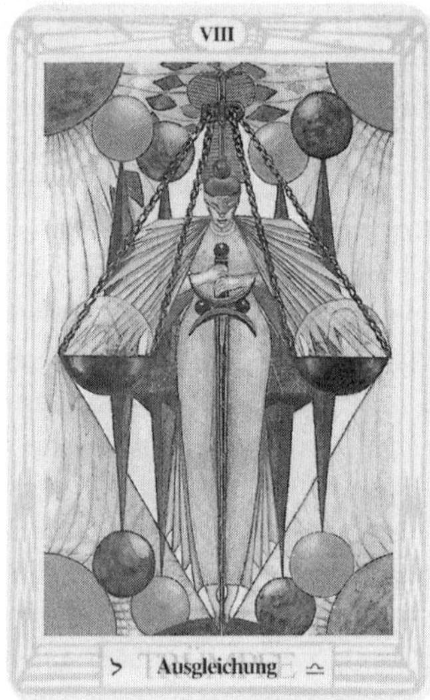

VIII
(XI) Gerechtigkeit · Ausgleichung

Diese Karte bedeutet Gerechtigkeit[9] in dem Sinne, als daß jede Aktion eine Reaktion nach sich zieht, und wir erkennen müssen, daß wir immer nur das ernten, was wir gesät haben. So legt sie nahe, daß wir für unser Tun und Erleben selbst verantwortlich sind. Darüber hinaus steht sie für Ebenbürtigkeit, Gleichberechtigung und Fairness. Im *Rider-Tarot* wird das objektive Urteil und die überlegte, ausgewogene und vernünftige Entscheidung hervorgehoben, während im *Crowley-Tarot* der Akzent mehr auf dem ausgeklügelten Gleichgewicht der Kräfte liegt, das es zu verstehen gilt.

[9] Bei dieser Karte wurde im *Rider-Tarot* die traditionelle Zählfolge von 8 auf 11 verändert. Siehe dazu Seite 16f.

Platz 1: Ausgangssituation:
Sie haben um ein objektives Urteil gerungen
Sie haben sich fair verhalten
Sie sind gewissenhaft und ehrlich aufgetreten
Sie haben sich jetzt ein klares Bild von der Angelegenheit verschafft
Betonung bei Crowley: Sie versuchen, alles auszubalancieren

Platz 2: Jetzt geht es nicht darum:
– fair sein zu wollen
– eine vernünftige Entscheidung zu treffen
– ein Gleichgewicht anzustreben
– objektiv zu sein
Betonung bei Crowley: auf ein Echo zu hoffen

Platz 3: Statt dessen ist es jetzt wichtig:
– alle Möglichkeiten abzuwägen
– eine vernünftige, nüchtern überlegte Entscheidung zu treffen
– kritisch zu prüfen und wohlüberlegt zu handeln
– ehrlich zu sich und anderen zu sein
– zu erkennen, daß Sie ernten, was Sie säen
Betonung bei Crowley: auf die Ausgewogenheit Ihrer Pläne oder Ihres Vorhabens zu achten

Platz 4: Ihr nächster Schritt führt Sie:
– in eine Situation, in der Ihnen Gerechtigkeit widerfährt
– zu einem klaren, vernünftigen Urteil
– zu einer fairen Lösung
– zur Ernte dessen, was Sie gesät haben
– zu einer klugen und gerechten Entscheidung
Betonung bei Crowley: ins Gleichgewicht (zurück)

IX
Der Eremit

Diese Karte steht für den Rückzug in die Stille, für Lebensernst, Ruhe und Schweigen und die nur dort zu findenden wesentlichen Einsichten. Nicht zuletzt steht sie für die Erkenntnis, wer wir wirklich sind. Es geht darum, nach innen zu horchen und das Wesentliche nicht länger draußen und bei anderen zu suchen. Der *Rider-Tarot* betont dabei vor allem die Notwendigkeit, sich gegen Fremdeinflüße abzuschirmen und nicht auf andere zu hören, um bei der Suche nach der eigenen Wahrheit und dem, was jetzt wichtig ist, nicht irritiert oder abgelenkt zu werden. Die *Crowley-Karte* hebt die Unerschrockenheit hervor und den Mut, dessen es bedarf, um zu wirklich wesentlichen und eigenständigen Erkenntnissen zu gelangen, die nicht einfach nur anderen nachgeredet sind.

Platz 1: Ausgangssituation:
Sie haben sich zurückgezogen und sind in sich gegangen
Sie waren bisher schweigsam und haben sich zurückgehalten
Sie haben sich gegen fremde Einflüsse abgeschirmt
Sie haben die Stille gesucht, um Klarheit zu gewinnen
Sie gehen ernsthaft und konzentriert an die Sache
Betonung bei Crowley: Sie haben sich zurückgezogen und eine wichtige Erfahrung gemacht

Platz 2: Jetzt geht es nicht darum:
- sich abzuschirmen und zurückzuziehen
- allein zu sein (zu bleiben)
- besonnen und zurückhaltend zu sein
- die Sache zu ernst zu nehmen oder ins Grübeln zu geraten

Betonung bei Crowley: nach der verborgenen Wahrheit zu suchen

Platz 3: Statt dessen ist es jetzt wichtig:
- allein zu sein und zu klären, was wirklich wichtig für Sie ist
- zu erkennen, wer Sie wirklich sind und sich selbst treu zu bleiben
- ernsthaft und konzentriert Ihr Vorhaben zu verfolgen
- zu fasten und zu schweigen
- sich von niemanden etwas einreden zu lassen

Betonung bei Crowley: auf der Suche nach Wahrheit auch vor tiefen Erkenntnissen nicht zurückzuschrecken

Platz 4: Ihr nächster Schritt führt Sie:
- zum Rückzug, zu Sammlung und Selbstbesinnung
- zu sich selbst
- zu Bescheidenheit und Selbstbeschränkung
- zu Klarheit darüber, wer Sie wirklich sind und was Sie wirklich wollen

Betonung bei Crowley: zu tiefer Einsicht, die Licht ins Dunkel wirft

X
Rad des Schicksals · Glück

Die Bedeutung dieser Karte wäre leichter zu verstehen, wenn sie nicht »Rad des Schicksals«, »Glück« oder »Glücksrad« hieße, sondern »Rad der Zeit« oder besser noch »die Lebensaufgabe«. Sie besagt, daß das Rad der Zeit stets eine Aufgabe nach der anderen hervorbringt, die zusammengenommen unsere Lebensaufgabe darstellen, die wir zu lösen haben. So ist das Schicksalsrad stets ein Hinweis darauf, daß es nun an der Zeit ist, sich mit dem Thema auseinanderzusetzen, in dessen Zusammenhang diese Karte auftauchte. Der *Rider-Tarot* stellt diesen Aufgabenplan als ein göttliches Gesetz dar, durch das wir Menschen gezwungen werden, uns vom Niederen zum Höheren zu wandeln. Dagegen hebt die Karte im *Crowley-Tarot* den Zusammenhang zwischen Zeit und Ewigkeit hervor und betont, daß Glück keine unberechenbare Größe ist, sondern der Gunst des rechten Augenblicks entspricht, den es zu erkennen gilt.

Platz 1: Ausgangssituation:
Sie spüren, daß Sie nicht frei sind, einfach zu tun, was Sie wollen
Sie fühlen, daß es jetzt an der Zeit ist, Ihr Vorhaben anzugehen
Sie haben Ihre Aufgabe erkannt und bereitwillig angenommen
Sie wissen, daß die Angelegenheit einen karmischen Aspekt hat
Betonung bei Crowley: Sie haben auf den günstigsten Zeitpunkt gesetzt

Platz 2: Jetzt geht es nicht darum:
- sich fatalistisch zu verhalten
- nach dem Sinn Ihres Schicksals zu fragen
- sich ohnmächtig zu fühlen und sich in Ihr Schicksal zu ergeben
- eine schicksalhafte Wende zu erhoffen oder zu befürchten

Betonung bei Crowley: den richtigen Zeitpunkt erwischen zu wollen

Platz 3: Statt dessen ist es jetzt wichtig:
- sich den Notwendigkeiten zu beugen
- Ihr Schicksal anzunehmen, um daran zu wachsen
- daß Sie tun, was Sie früher oder später ohnehin tun müssen
- Ihre Aufgabe zu erkennen, die sich im Fragethema verbirgt
- zu verstehen, daß die Zeit nun reif ist, das Problem zu lösen

Betonung bei Crowley: die Zeichen der Zeit zu verstehen

Platz 4: Ihr nächster Schritt führt Sie:
- zum richtigen Zeitpunkt
- zu Ihrer wahren Lebensaufgabe
- zur Fähigkeit, Ihr Schicksal zu verstehen
- zur Einsicht in die Notwendigkeit

Betonung bei Crowley: zu einem sehr günstigen Augenblick

XI
(VIII) Kraft · Lust

Lebensfreude, Leidenschaft, Vitalität, echtes Engagement und Lebenslust sind die Themen dieser Karte[10], die auf einer tieferen Ebene die Aussöhnung des zivilisierten Menschen mit seiner animalischen Natur bedeutet. Im *Rider-Tarot* steht die Annahme des wilden Tieres im Vordergrund und die sanfte Gewalt, mit der es geleitet wird. Hier bedeutet die Karte auch, diese Löwenkraft einzusetzen, um voller Engagement und Leidenschaft für etwas zu kämpfen. Dagegen liegt im *Crowley-Tarot* die Betonung eindeutig auf Lust und Ekstase und damit auf der sexuellen Seite unserer Triebnatur.

[10] Bei dieser Karte wurde im *Rider-Tarot* die traditionelle Zählfolge von 11 auf 8 verändert. Siehe dazu Seite 16f.

Platz 1: Ausgangssituation:
Sie haben viel Engagement in Ihr Vorhaben gesteckt
Sie sind voller Energie und Leidenschaft
Sie haben viel Mut, Kraft und Freude aufgebracht
Sie haben gezeigt, wie stark und wie stolz Sie sind
Betonung bei Crowley: Sie sind mit Lust und Leidenschaft an die Sache herangegangen

Platz 2: Jetzt geht es nicht darum:
- Stärke zu zeigen
- mutig und stolz zu sein
- Ihre Kraft einzusetzen
- sich zu engagieren

Betonung bei Crowley: Ihrer Triebnatur freien Lauf zu lassen

Platz 3: Statt dessen ist es jetzt wichtig:
- wie ein Löwe für Ihre Sache zu kämpfen
- sich mit Engagement und Leidenschaft für Ihr Vorhaben einzusetzen
- Lebenslust, Vitalität und Potenz zu zeigen
- dem Leben mit Lust und Freude zu begegnen
- Ängste zu überwinden und die »Krallen« zu zeigen
- lebensfeindliche Moralvorstellungen zu überwinden

Betonung bei Crowley:
- den Mut zu haben, aus Lust und Leidenschaft zu handeln
- Tabus zu überwinden und Ihrer Lust und Lebensfreude Ausdruck zu geben

Platz 4: Ihr nächster Schritt führt Sie:
- in eine Situation, in der Sie Ihren ganzen Mut aufbringen
- in eine Phase außerordentlicher Vitalität und Lebensfreude
- zum leidenschaftlichen Einsatz Ihrer ganzen Energie
- zur Annahme Ihrer Instinktnatur

Betonung bei Crowley: zu höchster Lust und Leidenschaft

XII
Der Gehängte

Diese Karte steht für Stillstand, Festsitzen, Zwangspausen, kurz, für alle Krisen, die uns zwingen, umzudenken und umzukehren. Sie kann deshalb als hinderliches Ärgernis oder als zwingende Voraussetzung für eine wesentliche Einsicht oder Erfahrung erlebt werden. Sicher ist nur, daß alles, was von dieser Karte beschrieben wird, Zeit braucht, und zwar viel mehr, als sich der Frager ausmalt. Der *Rider-Tarot* betont, daß die Ursache dieser Krise darin liegt, daß Wesentliches bislang übersehen oder falsch eingeschätzt wurde. So will diese Karte letztlich zu einer neuen Sicht der Dinge führen. Die gleiche Bedeutung hat der Gehängte im *Crowley-Tarot,* wobei hier die notwendige Auseinandersetzung mit bislang vernachlässigten oder verdrängten Themen – wie etwa dem Tod – noch deutlicher hervorgehoben wird.

Platz 1: Ausgangssituation:
Sie stecken in einer Krise oder in einer Sackgasse
Sie sitzen fest und wissen nicht, wie sich das ändern könnte
Ihr Vorhaben ist an einem toten Punkt angekommen
Sie fühlen sich blockiert und nichts geht voran
Betonung bei Crowley: Sie hängen in der Luft

Platz 2: Jetzt geht es nicht darum:
– die Sache aufzugeben oder ruhen zu lassen
– ein Opfer zu bringen oder sich zum Opfer zu machen
– einen Stillstand zu befürchten
– apathisch und passiv zu sein und sich »hängen« zu lassen
Betonung bei Crowley: sich wie gekreuzigt zu fühlen

Platz 3: Statt dessen ist es jetzt wichtig:
– zu verstehen, daß die Angelegenheit mehr Zeit braucht, als Ihnen lieb ist
– Ihre bisherige Sichtweise auf den Kopf zu stellen
– einzusehen, daß es so nicht weitergeht
– zu erkennen, was Sie bislang übersehen haben
– umzukehren oder ein Opfer zu bringen
Betonung bei Crowley: sich Zeit zu nehmen und sich einer vernachlässigten Seite zuzuwenden

Platz 4: Ihr nächster Schritt führt Sie:
– in ein Gefühl der Ohnmacht
– zur Einsicht in Ihre Fehler und das, was Ihnen fehlt
– zur Lebensumkehr
– in eine Zwickmühle oder zum völligen Stillstand
– zu der Einsicht, daß Sie umdenken müssen
Betonung bei Crowley: zur Einsicht, daß Sie sich mit den Dingen befassen müssen, die Sie bislang vermieden oder verdrängt haben

XIII
Tod

Der Tod steht für das große Loslassen, für das natürliche Ende, für den Abschied schlechthin. Entgegen landläufiger Befürchtungen wird von dieser Karte wohl nur in seltenen Ausnahmefällen der körperliche Tod eines Menschen angezeigt. Ihre Bedeutung liegt in den vielen Toden, die wir im Laufe eines Lebens sterben. Sie ist Hinweis darauf, daß etwas natürlicherweise zu Ende geht, daß es Zeit ist, Abschied zu nehmen. Im *Rider-Tarot* verbindet sich diese Aussage mit dem Hinweis, daß das völlige Ende und das große Loslassen die entscheidenden Schritte und die unverzichtbaren Voraussetzungen für neue Erfahrungen und neue Lebendigkeit sind. Wohingegen die Karte im *Crowley-Tarot* hervorhebt, daß aus Verfall und Verfaulen des Alten der Humus hervorgeht, der den kraftvollfruchtbaren Boden einer neuen Entwicklung bilden wird.

Platz 1: Ausgangssituation:
Sie sind am Ende eines Entwicklungsprozesses angekommen
Sie befinden sich in einer Trennungsphase
Sie haben Abschied genommen oder nehmen müssen
Sie mußten einsehen, daß alles einmal zu Ende geht
Betonung bei Crowley: Sie befinden sich in einer tiefgreifenden Wandlungsphase

Platz 2: Jetzt geht es nicht darum:
- darauf zu setzen, daß die Angelegenheit ihr natürliches Ende findet
- (schon) an das Ende zu denken
- darauf zu warten, daß die Sache von selbst zu Ende geht
- an eine Trennung zu denken und Abschied zu nehmen
- es nicht zu tun

Betonung bei Crowley: das Alte zugrunde gehen zu lassen

Platz 3: Statt dessen ist es jetzt wichtig:
- mit der Vergangenheit abzuschließen
- überholte Verhaltensmuster und Betrachtungsweisen loszulassen
- darauf zu vertrauen, daß die Sache von selbst zu Ende geht
- die Notwendigkeit zu erkennen, Abschied zu nehmen

Betonung bei Crowley: das Alte untergehen zu lassen, damit das Neue daraus entstehen kann

Platz 4: Ihr nächster Schritt führt Sie:
- in einen notwendigen Ablöseprozeß
- zur Beschäftigung mit der Bedeutung des Todes
- dazu, daß Sie etwas loslassen, um für Neues frei zu werden
- zu dem natürlichen (zeitgerechten) Ende der Angelegenheit

Betonung bei Crowley: in eine Phase, in der das Alte vergeht, damit das Neue werden kann

XIV
Mäßigkeit · Kunst

Die Bedeutung dieser Karte liegt im rechten Maß, in der richtigen Mischung. Damit ist weder blasse Harmlosigkeit noch laue Mittelmäßigkeit gemeint, sondern die Bereitschaft, sich auf alles einzulassen, was uns im Leben begegnet, dabei aber nirgends hängen zu bleiben. Im *Rider-Tarot* steht diese Karte der richtigen Mischung auch für Gesundheit und zeigt diese Lebenshaltung als den Königsweg, der zum Höchsten führt. Im *Crowley-Tarot* betont sie durch ihren alchemistischen Bezug, daß die Kunst darin liegt, durch stetes Lösen und Binden auf dem Entwicklungsweg voranzuschreiten, der letztlich zur angestrebten richtigen Mischung führt. Dabei geht es nicht nur um Bindungen und Lösungen äußerer Art. Es kann auch die Aufforderung sein, sich von alten Vorstellungen zu lösen, um sich in ein Weltbild einzubinden, das einer tieferen Wahrheit entspricht.

Platz 1: Ausgangssituation:
Sie sind gesund und munter
Sie sind ausgeglichen und sehen die Dinge gelassen
Sie befinden sich in einer friedlichen, harmonischen Phase
Sie haben Ihr inneres Gleichgewicht gefunden
Besonderheit bei Crowley: Sie verstehen die Kunst, für sich die »richtige Mischung« zu finden

Platz 2: Jetzt geht es nicht darum:
- alles dem Schutzengel zu überlassen
- Gleichmut, Harmonie und Frieden zu erstreben oder zu bewahren
- eine ruhige Kugel zu schieben
- locker und entspannt zu sein
- freundlich zu sein und Gelassenheit zu zeigen

Besonderheit bei Crowley: Gegensätze vereinen zu wollen

Platz 3: Statt dessen ist es jetzt wichtig:
- auf Ihre Gesundheit zu achten
- die Angelegenheit ruhig und gelassen zu betrachten
- nichts zu vermeiden, aber auch nirgendwo hängenzubleiben
- das rechte Maß nicht zu überschreiten
- auf Ihren inneren Seelenführer zu vertrauen
- daß Sie zu Ihrer Mitte finden

Besonderheit bei Crowley: zu erkennen, daß auch das Gegenteil all dessen, was Sie glauben, wahr ist

Platz 4: Ihr nächster Schritt führt Sie:
- in Ihre Mitte
- zu Heilung und Genesung
- zu Harmonie und Gelassenheit
- zum Vertrauen in Ihren Schutzengel

Besonderheit bei Crowley: zu innerer Verwandlung

XV
Der Teufel

Der Teufel symbolisiert unsere dunkle Seite und damit alles, was wir an uns nicht wahrhaben wollen. Darüber hinaus steht er für Situationen, in denen wir in Versuchung geführt werden, gegen unsere Überzeugungen zu verstoßen und dem Unmaß zu verfallen. Damit warnt diese Karte stets, die Gefahren im Auge zu behalten, wenn wir diesen Weg gehen. Dort, wo wir dem Teufel begegnen, heißt es höllisch aufzupassen. Hier können wir am meisten über unsere Schwächen erfahren. Der *Rider-Tarot* warnt vor allem vor Unfreiheit, Abhängigkeit und seelischer Verstrickung, aber auch vor Machtmißbrauch und Nihilismus. Dagegen zeigt der Teufel im *Crowley-Tarot,* daß man ihn als dunklen Gegenpol verstehen muß, der notwendigerweise zum Ganzen gehört. Er ist das in die Tiefe gestürzte Kind des Guten und die Nacht, die das Licht gebiert. Als Luzifer (Lichtbringer) zwingt er uns zur Erkenntnis manch ungeliebter Schattenseite, die wir lieber nur bei anderen wahrgenommen hätten.

Platz 1: Ausgangssituation:
Sie sind Ihrem Schatten begegnet
Sie sind gierig oder von der Sache besessen
Sie haben sich verstrickt und wissen nicht, wie Sie wieder herauskommen sollen
Sie sind versucht, aus »gutem Grund« gegen Ihre Prinzipien zu verstoßen
Besonderheit bei Crowley: Sie können sich jetzt von einer ganz anderen Seite kennenlernen

Platz 2: Jetzt geht es nicht darum:
- mit dem Feuer zu spielen oder sich versuchen zu lassen
- eine fixe Idee zu verfolgen oder dem Unmaß zu verfallen
- sich erpressen zu lassen oder selbst Machtspiele zu treiben
- sich Ihrer dunklen Seite zuzuwenden

Besonderheit bei Crowley: Licht in das Dunkel zu tragen

Platz 3: Statt dessen ist es jetzt wichtig:
- nicht länger »nur gut« sein zu wollen oder es »nur gut« zu meinen, sondern die wahren, ungeliebten Motive zu erkennen
- das anzuschauen, was Sie nie anzuschauen wagten
- sich in Versuchung führen zu lassen, aber hellwach zu sein
- zu erkennen, was Sie unfrei und abhängig gemacht hat
- »die Sau herauszulassen« und/oder unbequem zu sein

Besonderheit bei Crowley: zu begreifen, daß das Dunkle das Licht hervorbringt

Platz 4: Ihr nächster Schritt führt Sie:
- in eine Situation, in der Sie erpreßbar sind oder genötigt werden, gegen Ihre Überzeugungen zu verstoßen
- in die Gefahr von Sucht oder Abhängigkeit
- in eine gefährliche, verführerische Situation
- zur Begegnung mit Ihrem Schatten

Besonderheit bei Crowley: zu tiefer Einsicht über Ihre wahren Motive

XVI
Der Turm

Der Turm steht für den entscheidenden Durchbruch, den Umbruch oder den Ausbruch aus zu engen Verhältnissen oder falschen, verkrusteten Vorstellungen oder Verhaltensweisen. Dabei ist das, was auf der Strecke bleibt, immer etwas Altvertrautes, das uns bis hierher auch Sicherheit bedeutete. So wird verständlich, warum der Turm in aller Regel mit Angst erlebt wird, rückblickend jedoch als der entscheidende Schritt, der eigentliche Durchbruch erkannt wird. Der *Rider-Tarot* zeigt als Auslöser den Blitz, der als Außenereignis zum Umbruch führen kann, oder aber als Geistesblitz die plötzliche Erkenntnis bedeutet, auf Sand gebaut zu haben. Dagegen hebt der *Crowley-Tarot* die Idee der Läuterung hervor, die – zumindest für den Uneinsichtigen – qualvoll durch das Fegefeuer erfolgt. So kann hier diese Karte ankündigen, daß wir so lange leiden und vom Schicksal gemartert werden, bis wir die entscheidende Einsicht zulassen, den längst überfälligen Schritt tun oder einfach unser wirklich Bestes geben.

Platz 1: Ausgangssituation:
Ihr altes Konzept oder Weltbild ist ins Wanken geraten
Sie stehen vor einem Scherbenhaufen
Ihre Hoffnungen sind gescheitert
Jetzt hat Sie der Schlag getroffen
Der Boden unter Ihren Füßen hat nachgegeben
Betonung bei Crowley:
Sie befinden sich in einem Läuterungsprozeß.
Sie haben die reinigende Kraft des Schmerzes erfahren

Platz 2: Jetzt geht es nicht darum:
- die »Bombe hochgehen« zu lassen und in den Krieg zu ziehen
- mit einer Katastrophe zu rechnen
- den Ausbruch oder Durchbruch zu wagen

Betonung bei Crowley: sich dem Fegefeuer zu überlassen

Platz 3: Statt dessen ist es jetzt wichtig:
- die »Bombe hochgehen« zu lassen und/oder den zu engen Rahmen zu sprengen
- den Zusammenbruch als längst überfälligen Durchbruch zu größerer Freiheit zu verstehen
- Ihre vermeintlichen Sicherheitsstrukturen loszulassen
- sich aus dem Gefängnis zu befreien
- zu kündigen und den Durchbruch zu größerer Freiheit zu wagen

Betonung bei Crowley: von der reinigenden Kraft des Feuers geläutert zu werden

Platz 4: Ihr nächster Schritt führt Sie:
- in den offenen Krieg
- zur schlagartigen Erkenntnis oder zu einer unverhofften und vielleicht unbequemen Lösung, zum eigentlichen Durchbruch
- zur dramatischen Befreiung aus Ihrem Gefängnis
- zum Scheitern falscher Erwartungen

Betonung bei Crowley: in eine echte Läuterung

XVII
Der Stern

Der Stern steht für alles Zukunftsweisende und bedeutet, daß die zur Frage stehende Angelegenheit eine lange und erfreuliche Zukunft haben wird. Darüber hinaus ist diese Karte Ausdruck neuer Hoffnung und – auf einer tiefen Ebene – der Einblick und das Vertrauen in die kosmische Ordnung. Im *Rider-Tarot* kommt diese Karte einem Jungbrunnen gleich, aus dem der Frager frisch und gestärkt hervorgeht. Außerdem gibt sie hier den Hinweis, daß die Zukunft den Fragenden überreichlich versorgen wird. Dagegen liegt die Betonung im *Crowley-Tarot* mehr auf dem Abwaschen des Alten, wodurch manche bislang verborgene Schicht hervortritt oder auf der Vogelperspektive, die der Frager einnehmen kann und soll. Aus ihr heraus wird er größere Zusammenhänge klar erkennen und manches, was ihm aus erdgebundener Sicht als unüberwindlich erschien, wird plötzlich ganz klein oder verschwindet.

Platz 1: Ausgangssituation:
Ihr Vorhaben steht unter einem guten Stern
Sie haben Erfolgversprechendes vor und sind sehr zuversichtlich
Bis jetzt hat sich alles günstig entwickelt
Betonung bei Crowley: Sie betrachten die Angelegenheit von einer höheren Warte und verschaffen sich einen Überblick

Platz 2: Jetzt geht es nicht darum:
- sich große Hoffnungen zu machen
- optimistisch und zuversichtlich zu sein
- an die Zukunft zu denken und Zukunftspläne zu schmieden
- die Angelegenheit auf die lange Bank zu schieben

Betonung bei Crowley: abgehoben über den Dingen zu schweben

Platz 3: Statt dessen ist es jetzt wichtig:
- die Zukunft zu planen
- hoffnungsvoll in die Zukunft zu schauen
- zu sehen, daß Ihr Vorhaben weitreichende Folgen hat
- auf den langfristig positiven Verlauf der Dinge zu setzen
- von höherer Warte aus größere Zusammenhänge zu erkennen

Betonung bei Crowley:
- Altes abzuwaschen, um den verborgenen Glanz zu entdecken
- sich einen weiteren Horizont zu verschaffen und die Sache von oben zu betrachten

Platz 4: Ihr nächster Schritt führt Sie:
- zu Erleichterung und neuer Hoffnung
- zu langfristig günstigen Möglichkeiten
- zu einem Jungbrunnen, der Ihnen neue Lebensfrische gibt
- in eine erfreuliche Zukunft
- zu einer besseren und weitreichenderen Perspektive

Betonung bei Crowley: dazu, daß Sie alle üblen, belastenden und überflüssigen Äußerlichkeiten beseitigen und zum Wesentlichen vordringen

XVIII
Der Mond

Die Bedeutung dieser Karte wäre leichter zu erfassen, hieße sie einfach »Nacht«; denn sie bedeutet, daß wir im Dunkeln stehen, daß wir uns ängstigen, irritierbar sind oder in Gefahr, Weltflucht zu begehen und uns im Zauberwald zu verlaufen. Dagegen tritt der verträumt romantische Aspekt des Mondes fast gänzlich in den Hintergrund. Auch das mit dem Mond sonst assoziierte intuitive (lunare) Wissen ist nicht hier, sondern bei der Hohenpriesterin zu finden. Im *Rider-Tarot* zeigt diese Karte, daß nur der Weg durch die Angst zum Erreichen unserer höchsten Ziele führt. Im Hinweis, daß es dabei hilfreiche, aber auch gefährliche Instinktkräfte gibt, liegt die Aufforderung, den rechten Mittelweg nicht zu verlassen. Die *Crowley-Karte* weist dagegen auf den schmerzvollen Geburtsvorgang hin, bei dem das, was bislang im Dunkeln lag, nun ans Licht kommt (bewußt wird). Außerdem verheißt die Karte, daß, auch wenn die Nacht noch gänzlich schwarz ist, die Rückkehr zum Licht kurz bevorsteht.

Platz 1: Ausgangssituation:
Sie stehen im Dunkeln und haben Angst
Sie sind unsicher und können sich kein klares Bild von der Sache machen
Ihre Gefühle sind verletzt, und Sie haben sich zurückgezogen
Sie wurden oder werden von Alpträumen geplagt
Sie haben sich Ihren Träumen und ungestillten Sehnsüchten überlassen
Sie haben die Macht des Unbewußten erfahren
Besonderheit bei Crowley: Sie stehen an der (dunklen) Schwelle zu einem neuen Tag

Platz 2: Jetzt geht es nicht darum:
- Angst vor der Angst zu haben
- Ihren Ängsten zu begegnen
- sich zu fürchten oder irritieren zu lassen
- Weltflucht zu betreiben
- sich im »Zauberwald« zu verirren

Besonderheit bei Crowley: auf das Ende der Dunkelheit zu hoffen

Platz 3: Statt dessen ist es jetzt wichtig:
- den Weg der Angst zu gehen
- die Wurzeln Ihrer Unsicherheiten und Ängste zu ergründen
- zu Ihren Gefühlen, Ängsten und Schwächen zu stehen
- auf die Botschaften Ihrer Träume zu achten

Besonderheit bei Crowley: die Dunkelheit zu vertreiben

Platz 4: Ihr nächster Schritt führt Sie:
- zur Begegnung mit Ihren Ängsten
- in die Tiefen Ihrer Seele
- in eine Phase von Angst und Unsicherheit
- in einen Alptraum

Besonderheit bei Crowley: an das Ende der Nacht

XIX
Die Sonne

Die Sonne steht für all das, was wir auch sprachlich mit diesem Wort in Verbindung bringen: das sonnige Gemüt, die sonnige Seite der Straße, und damit für gute Laune, Wärme, Lebensfreude, Optimismus und Großzügigkeit. Auf einer tieferen Ebene steht die Sonne für einen entscheidenden Reifeschritt: die Rückkehr zur Einfachheit (von Erklärungen, Lebensweise usw.) Aus diesem Grund sind auf den verschiedensten Sonnenkarten immer Kinder zu sehen, die Unbekümmertheit, Einfachheit und eine ursprüngliche Lebensfreude verkörpern. Im *Rider-Tarot* ist die Sonnenkarte als deutlicher Gegenpol zur Karte »Tod« gesetzt und betont damit: neuen Lebensmut, das Auftauchen aus einer Versenkung, aber auch die Freude darüber, daß nun eine schwierige Zeit erfolgreich überwunden ist. Dagegen weist die Karte im *Crowley-Tarot* über Lebensfreude und Unbekümmertheit hinaus auf das Erleben hoher Bewußtwerdung. Der Paradiesgarten – als das höchste erreichbare

Gut – ist in das Blickfeld getreten. Allerdings ist er noch von einer scheinbar undurchdringlichen Mauer umgeben. Sie zu überwinden wird nicht leicht sein.

Platz 1: Ausgangssituation:
Sie fühlen sich wie neugeboren
Sie haben Ihre Sorge überwunden und sind wieder voller Lebensfreude und Zuversicht
Sie haben die Angelegenheit bis jetzt positiv betrachtet
Sie waren großzügig und verständnisvoll
Betonung bei Crowley: Sie sind von unbekümmerter Lebensfreude

Platz 2: Jetzt geht es nicht darum:
- die sonnige Seite des Lebens zu suchen
- Klarheit zu gewinnen
- Spaß und Erfolg den Vorrang zu geben
- neuen Optimismus zu zeigen
- im Mittelpunkt zu stehen

Betonung bei Crowley: den unbeschwerten Weg zu gehen

Platz 3: Statt dessen ist es jetzt wichtig:
- mit unbekümmerter Frische an Ihr Vorhaben zu gehen
- neue Vitalität und Lebensfreude zu entfalten
- sich ins rechte Licht zu rücken
- Spaß zu haben und wahrhaft sonnige Zeiten zu erleben
- sich von einer warmen und großzügigen Seite zu zeigen

Betonung bei Crowley: mit Leichtigkeit auf das Ziel zuzugehen

Platz 4: Ihr nächster Schritt führt Sie:
- zu neuem Schwung und Zuversicht
- zu Lebenslust und Schaffenskraft
- auf die Sonnenseite des Lebens
- zu reifer Erkenntnis und wahrem Selbstbewußtsein

Betonung bei Crowley: dahin, daß Sie das Ziel erkennen können

XX
Gericht · Das Aeon

Diese Karte, die in traditionellen Tarots die Auferstehung zeigt, bedeutet Erlösung und Befreiung und steht auf der tiefsten Ebene für das Mysterium der Wandlung und das Hervortreten des Wesentlichen. Im *Rider-Tarot* hebt die Karte diesen befreienden und belebenden Aspekt hervor und zeigt an, daß das zuvor verschüttete Eigentliche und Wahre nun ans Licht kommt. Im *Crowley-Tarot* wurde die Karte völlig neu gestaltet. Hier zeigt sie den Beginn eines neuen Zeitalters. Damit betont sie, daß etwas Neues, Wichtiges, Wesentliches und vielleicht auch Wunderbares zur Welt gekommen ist, das große Bedeutung in der Zukunft erlangen wird, jetzt aber vielleicht noch zu schwach ist, um ohne Unterstützung auszukommen und deshalb aufmerksamer Pflege und fremder Hilfe bedarf.

Platz 1: Ausgangssituation:
Sie stehen kurz vor der Lösung
Sie wurden von Sorgen oder auch von Hemmungen befreit
Sie haben Ihren wahren Schatz entdeckt
Sie haben Ihre eigentliche Aufgabe gefunden
Besonderheit bei Crowley: Für Sie hat eine neue Epoche begonnen

Platz 2: Jetzt geht es nicht darum:
- nach der Lösung oder Erlösung zu streben
- auf ein Wunder zu hoffen
- den »wahren Schatz« heben zu wollen

Besonderheit bei Crowley: auf ein neues Zeitalter zu hoffen

Platz 3: Statt dessen ist es jetzt wichtig:
- das Eigentliche, verloren Geglaubte wiederzuentdecken
- den Schatz jetzt zu heben
- sich von Ihrem bisherigen Los befreien zu lassen
- auf die entscheidende Wandlung zu setzen

Besonderheit bei Crowley: dem Neuen eine echte Chance zu geben

Platz 4: Ihr nächster Schritt führt Sie:
- zur Lösung Ihres Problems
- zur Erlösung aus Verstrickung und Abhängigkeit
- zum Eigentlichen
- zu Ihren wahren Fähigkeiten
- zum Wiederfinden dessen, was verloren war

Besonderheit bei Crowley: zu einem Neubeginn und großen Perspektiven

XXI
Die Welt · Das Universum

Die letzte Karte der Großen Arkana zeigt das Ziel und bedeutet, daß wir angekommen sind. Auf der geistigen Ebene steht sie damit für einen hohen Reifegrad; in anderen Bereichen besagt sie, daß wir den Platz gefunden haben, an den wir gehören, an dem wir zu Hause sind. In allen Fällen bedeutet sie Freude, Glück, Zufriedenheit und Dankbarkeit für das Erreichte. Im *Rider-Tarot* liegt die Betonung auf der vollen Persönlichkeitsentfaltung und der Lebensfreude, während im *Crowley-Tarot* zusätzlich der Aspekt der Versöhnung ausgedrückt wird.

Platz 1: Ausgangssituation:
Sie sind an Ihrem Ziel angekommen
Sie haben Ihren Platz gefunden
Sie sind dabei, Ihre Aufgabe abzuschließen
Sie haben den wesentlichen Schritt zur Selbstentfaltung getan
Betonung bei Crowley: Sie haben das Werk vollbracht

Platz 2: Jetzt geht es nicht darum:
- ein »Happy-End« zu erleben
- (schon) durch das Ziel zu laufen
- den Platz zu suchen, an den Sie gehören

Betonung bei Crowley: innere Widersprüche miteinander zu versöhnen

Platz 3: Statt dessen ist es jetzt wichtig:
- das Ziel vor Augen zu haben
- Ihr Vorhaben zu einem guten Ende zu bringen
- den Platz einzunehmen, an den Sie »gehören«
- reif zu werden
- zu finden, was Sie suchten
- das Ganze zu erkennen

Betonung bei Crowley: Ihre Persönlichkeit zu entfalten

Platz 4: Ihr nächster Schritt führt Sie:
- zum Höhepunkt Ihrer bisherigen Entwicklung
- zu Ihrem Lebensziel
- zur Schau des Ganzen
- an Ihren Platz in dieser Welt
- zum glücklichen Abschluß Ihres Vorhabens

Betonung bei Crowley: zu einem neu erwachenden Bewußtsein

As der Stäbe

Asse symbolisieren – wie die ihnen entsprechende Zahl Eins Chancen, die es zu entdecken und zu entfalten gilt. Im Stab As liegen all die Möglichkeiten, die mehr Lebendigkeit und Freude in unser Leben bringen: Schwung, Elan, Dynamik, Unternehmungslust, Begeisterung und neue Abenteuer. Nicht selten zeigt dieses As ein zentrales Thema der Selbstentfaltung an. Voraussetzung aber ist in allen Fällen, daß wir eine erhöhte Risikobereitschaft mitbringen. Wer nur auf »Nummer Sicher« geht, der wird dem Stab As keine Chance abringen können. Im *Rider-Tarot* liegt die Betonung mehr auf dem Wachstumsaspekt dieser Karte – deshalb sprießen grüne Blätter aus den Stäben –, wohingegen im *Crowley-Tarot* deutlich der feurige, risikohafte Aspekt im Vordergrund steht.

Platz 1: Ausgangssituation:
Sie haben jetzt die Chance,
- Ihr Vorhaben zu verwirklichen
- mit Mut und Risikofreude etwas zu erreichen
- sich leidenschaftlich für die Sache zu engagieren
- zu größerer Selbstentfaltung

Betonung bei Crowley: Sie haben jetzt die Chance, mutig und entschlossen die Initiative zu ergreifen

Platz 2: Jetzt geht es nicht darum:
- neue Chancen der Selbstentfaltung zu suchen
- Kraft und Schwung in die Sache zu bringen
- Ehrgeiz und Temperament zu entfalten
- vollen Einsatz zu bringen

Betonung bei Crowley: ein Risiko einzugehen

Platz 3: Statt dessen ist es jetzt wichtig:
- die Chance zur Selbstverwirklichung zu ergreifen
- sich ein Herz zu fassen und an Ihr Vorhaben heranzugehen
- sich und andere zu begeistern
- mehr und mehr Dynamik zu entwickeln

Betonung bei Crowley: etwas zu riskieren

Platz 4: Ihr nächster Schritt führt Sie:
zur Chance,
- Ihre Lebensenergie zu entfalten
- neuen Schwung in die Angelegenheit zu bringen
- voller Unternehmungslust einen Superstart zu machen
- ganz Feuer und Flamme zu sein
- sich selbst zu verwirklichen

Betonung bei Crowley: zum Aufblühen Ihrer Energie und zu neuer Risikobereitschaft

Zwei Stäbe
(Herrschaft)

Die Polarität der Zahl Zwei kann sich in der Stabserie in verschiedener Weise zeigen. Übereinandergelegt können zwei Stäbe ein gutes Feuer ergeben – oder als zwei Pole eine knisternde Spannung. Sind sie aber zu weit voneinander entfernt, geschieht nichts. Im *Rider-Tarot* wird der Aspekt der mangelnden Spannung hervorgehoben. Dadurch erhält die Karte hier die Bedeutung von blasser Neutralität oder einer lauen Absichtserklärung, die mehr ein Lippenbekenntnis als wahres Bestreben ist. Dagegen betont der *Crowley-Tarot* die zündende und entflammende Kraft. So steht die Karte hier für Spannung, Ungeduld, für einen dynamischen, vorwärtsstürmenden Willen und für den Mut zur Tat.

Platz 1: Ausgangssituation:
Sie haben sich neutral verhalten
Sie sind unentschlossen und können sich nicht engagieren
Sie konnten sich bisher nicht für Ihre Aufgaben begeistern
Sie finden die Sache langweilig und uninteressant
Ihre Gefühle sind halbherzig und lau
Besonderheit bei Crowley: Sie sind kampfbereit, angriffslustig und fest entschlossen. Sie sind Feuer und Flamme

Platz 2: Jetzt geht es nicht darum:
- Lippenbekenntnisse abzugeben
- sich interesselos aus allem herauszuhalten
- eine Entscheidung vor sich herzuschieben
- sich neutral zu verhalten
- sich zwischen die Stühle zu setzen

Besonderheit bei Crowley: die Dinge aktiv anzugehen und für Ihr Vorhaben zu kämpfen

Platz 3: Statt dessen ist es jetzt wichtig:
- nicht über eine Absichtserklärung hinauszugehen
- die Angelegenheit erst einmal zu beobachten
- abzuwarten und Ihren Standpunkt zu überprüfen
- sich zunächst neutral zu verhalten oder sich herauszuhalten

Besonderheit bei Crowley:
- Ihren Kampfgeist zu zeigen
- Ihre Position mit aller Entschiedenheit zu vertreten

Platz 4: Ihr nächster Schritt führt Sie:
- in eine neutrale Haltung oder in eine Phase der Lethargie
- in eine Phase, in der Sie vorerst keine Entscheidung treffen mögen oder können
- zu Unentschiedenheit und Uneindeutigkeit

Besonderheit bei Crowley:
- in eine Situation, in der Sie sich durchsetzen können
- zu tatkräftigen Unternehmungen

Drei Stäbe
(Tugend)

Diese Karte steht – dem stabilen Charakter der Zahl Drei entsprechend – für einen wesentlichen Schritt oder eine gute Basis auf dem Weg des Wachstums und der Entfaltung. Im *Rider-Tarot* zeigt sich dies in Form eines soliden Fundaments in Verbindung mit sehr erfreulichen Perspektiven. Dagegen hebt die *Crowley-Karte* mehr die Lebendigkeit dieser Erfahrung hervor: die starken seelischen Impulse, die die Entwicklung positiv vorantreiben, vergleichbar dem Frühlingserwachen der Natur.

Platz 1: Ausgangssituation:
Sie stehen auf einem sicheren Fundament
Ihre Perspektiven sind erfreulich
Sie wissen, daß Sie auf dem richtigen Weg sind
Betonung bei Crowley: Sie sind sehr lebendig und voller Zuversicht

Platz 2: Jetzt geht es nicht darum:
- zuversichtlich in die Zukunft zu schauen
- auf eine positive Entwicklung zu vertrauen
- langfristige Planungen zu betreiben
- sich optimistisch und selbstsicher zu zeigen

Betonung bei Crowley: Ihren Impulsen nachzugehen

Platz 3: Statt dessen ist es jetzt wichtig:
- sich einen Überblick zu verschaffen
- sich bewußt zu machen, was Sie erreicht haben und welch gute Perspektiven Sie haben
- zuversichtlich Ihre weiteren Planungen zu betreiben
- die Augen dem goldenen Horizont zu öffnen

Betonung bei Crowley: mit wahren Frühlingsgefühlen an Ihr Vorhaben zu gehen

Platz 4: Ihr nächster Schritt führt Sie:
- zu einer Höhe, von der aus die Welt besser als bisher aussieht
- zu einem sicheren, klaren Standpunkt und erfreulichen Perspektiven
- zu neuer Zuversicht
- zu einem Ausblick, der Sie Ihr Ziel erkennen läßt

Betonung bei Crowley: in eine Phase starker Lebendigkeit

Vier Stäbe
(Vollendung)

Der feste Charakter der Zahl Vier zeigt sich in den Stäben als harmonische und stabile Entfaltung der Feuerkraft und als eine wohltuende Wärme, die davon ausgeht. Der *Rider-Tarot* drückt dies als Harmonie und Frieden, aber auch als warmherzige Offenheit aus. Die Karte bedeutet, sich sicher zu fühlen, Neues willkommen zu heißen und sich selbst willkommen zu fühlen. Im *Crowley-Tarot* liegt die Betonung dagegen mehr auf der eingetretenen Ordnung und der Harmonie, dank derer etwas Wesentliches zustande kommt, das Wärme und Licht spenden kann.

Platz 1: Ausgangssituation:
Sie befinden sich in einer Phase gesteigerter Lebensfreude
Sie sind aus sich herausgegangen und haben diese Zeit genossen
Sie haben neue Kontakte geknüpft
Sie gehen offen auf Ihr Vorhaben zu
Betonung bei Crowley:
Sie haben einen wichtigen Schritt getan
Sie haben jetzt Ordnung geschaffen

Platz 2: Jetzt geht es nicht darum:
- auf Frieden zu hoffen
- Ihre Schutzmauern aufzugeben
- auf ein freudiges Ereignis zu warten
- sorglos und unbeschwert zu sein
- sich zu öffnen und andere willkommen zu heißen

Betonung bei Crowley: die Angelegenheit zu vollenden oder in Ordnung zu bringen

Platz 3: Statt dessen ist es jetzt wichtig:
- zuversichtlich und vertrauensvoll aus Ihrem schützenden Gehege herauszutreten
- offen und unbeschwert aufzutreten
- Ihre Lebenslust zu zeigen
- andere willkommen zu heißen

Betonung bei Crowley: Frieden und Harmonie zu finden

Platz 4: Ihr nächster Schritt führt Sie:
- zu neuer Offenheit
- in eine Phase, in der Sie sich sicher fühlen und sich auf das Neue freuen
- in eine fröhliche und friedvolle Phase

Betonung bei Crowley: dahin, daß Sie die Angelegenheit in Ordnung bringen und/oder abschließen

Fünf Stäbe
(Streben)

Diese Karte steht – der Qualität der Zahl Fünf entsprechend – für eine wichtige Herausforderung, die hier vor allem auf dem Weg der Reife und der Selbstenfaltung (Stäbe) liegt. Sie weist damit auf eine Aufgabe hin, der sich der Fragende stellen soll, gleichgültig, ob er sie auf Anhieb bewältigt oder nicht. In jedem Fall wird er an ihr wachsen. Der *Rider-Tarot* drückt dies als eine Wettkampfsituation aus, die Kinder beim Kampfspiel zeigt. Dadurch gibt diese Karte auch den Hinweis, der Herausforderung mit einer sportlichen Einstellung zu begegnen. Der *Crowley-Tarot* betont dagegen, daß die Herausforderung mehr im Grenzüberschreitenden liegt, weil hier ein Schritt gemacht werden soll, der den Rahmen aller bisherigen Erfahrungen sprengt.

Platz 1: Ausgangssituation:
Sie haben die Wette angenommen
Sie haben Ihre Kräfte unter Beweis gestellt
Die Konkurrenz hat Ihre ganze Energie gefordert
Sie zeigen, was Sie können
Sie haben sich der Herausforderung gestellt
Betonung bei Crowley: Sie sind ehrgeizig, vielleicht sogar übermütig

Platz 2: Jetzt geht es nicht darum:
- aktiven Einsatz zu bringen
- sich einer Auseinandersetzung zu stellen
- sich durch besonderen Einsatz hervortun zu wollen
- Ihre Kräfte zu messen
- sich auf eine Wette einzulassen

Betonung bei Crowley: zu wagen, um zu gewinnen

Platz 3: Statt dessen ist es jetzt wichtig:
- aktiv um die Lösung des Problems zu ringen
- eine Kraftprobe zu meistern
- eine Herausforderung anzunehmen
- Ihre ganze Energie einzusetzen
- sportlichen Kampfgeist zu entwickeln

Betonung bei Crowley: etwas Ungewohntes oder sogar Revolutionäres zu wagen

Platz 4: Ihr nächster Schritt führt Sie:
- in eine Wettbewerbssituation
- in eine Situation, in der Sie Ihr Können unter Beweis stellen müssen
- zu einer echten Herausforderung
- zu einem Kräftemessen

Betonung bei Crowley: zur Überschreitung Ihrer alten Grenzen

Sechs Stäbe
(Sieg)

Die hilfreiche und verbindende Qualität der Zahl Sechs steht in den Stäben für ein günstiges Zusammentreffen, für eine Fügung, die zu Sieg und Erfolg führt. Im *Rider-Tarot* wird dieses Thema von einem Herold dargestellt, der die Siegesbotschaft überbringt. So steht die Karte hier auch für die gute Nachricht. Dagegen liegt im *Crowley-Tarot* der Akzent mehr auf der Freude und der Begeisterung, die vom Siegesgefühl ausgehen und den Fragenden ermutigen, auf seinem Wege weiterzumachen.

Platz 1: Ausgangssituation:
Sie haben Lob und Anerkennung bekommen
Sie haben eine gute Nachricht erhalten
Sie haben durch Ihren Erfolg Interesse geweckt
Ihr Einsatz hat sich gelohnt und Sie haben gewonnen
Betonung bei Crowley: Ihr Erfolg läßt Sie erfolgreich sein

Platz 2: Jetzt geht es nicht darum:
- Erfolg zu haben und zu triumphieren
- auf gute Nachrichten zu hoffen oder zu warten
- sich in den Mittelpunkt zu stellen
- auf Sieg zu setzen

Betonung bei Crowley: das Bisherige noch zu übertreffen

Platz 3: Statt dessen ist es jetzt wichtig:
- die Angelegenheit zum Sieg zu führen
- den Erfolgskurs einzuschlagen oder beizubehalten
- daß Sie an sich glauben und voller Zuversicht an Ihr Vorhaben gehen
- auf die »Überholspur« zu wechseln

Betonung bei Crowley: siegesgewiß auf noch mehr zu setzen

Platz 4: Ihr nächster Schritt führt Sie:
- zu einer guten Nachricht oder einer beglückenden Erfahrung
- zu Erfolg und Anerkennung
- zur Belohnung für Ihren Einsatz
- zum Gelingen Ihres Vorhabens
- zum Sieg

Betonung bei Crowley: einem Erfolg, der Ihnen Kraft gibt, erst recht weiterzumachen

Sieben Stäbe
(Tapferkeit)

Dem Risikoaspekt und der kämpferischen Qualität der Zahl Sieben entspricht bei den Stäben Konfliktbereitschaft, Durchsetzungskraft und der feste Wille, den eigenen Standpunkt klar zu vertreten, sich nötigenfalls entschlossen zu verteidigen und eine einmal erreichte Position zu behaupten. Der *Rider-Tarot* betont vor allem, daß diese Selbstbehauptung auch gegen eine Vielzahl von Angreifern Erfolg haben wird, wenn sich der Fragende aufrecht und entschlossen dem Kampf stellt. Dagegen hebt der *Crowley-Tarot* hervor, daß hier die Chance liegt, auch eine schon fast verloren geglaubte Angelegenheit durch einen mutigen Schritt oder einen wirklich verwegenen Schachzug zu retten.

Platz 1: Ausgangssituation:
Sie fühlen sich zum Kampf herausgefordert
Sie haben Ihr Revier verteidigt
Sie waren konfliktbereit und haben die Sache durchgekämpft
Sie haben Ihren Standpunkt klargemacht und beherzt vertreten
Sie haben sich mutig zur Wehr gesetzt
Sie sehen sich Neid und Mißgunst ausgesetzt
Betonung bei Crowley: Sie haben Ihren Mut bewiesen

Platz 2: Jetzt geht es nicht darum:
- sich zur Wehr zu setzen oder etwas auszufechten
- einen Streit vom Zaun zu brechen
- sich dem Kampf zu stellen, sich zu behaupten und durchzusetzen
- Streit und Auseinandersetzung zu befürchten

Betonung bei Crowley: eine Heldentat zu vollbringen

Platz 3: Statt dessen ist es jetzt wichtig:
- mutig den eigenen Standpunkt zu vertreten
- für das Erreichte zu kämpfen
- sich gegen Rivalen durchzusetzen
- auch einer Mehrheit energisch entgegenzutreten

Betonung bei Crowley: sich mutig hervorzutun und einen kühnen Schachzug zu wagen

Platz 4: Ihr nächster Schritt führt Sie:
- in einen Konflikt, dem Sie gewachsen sind, sofern Sie ihn ernst nehmen
- dazu, daß Sie Ihren Standpunkt klar vertreten (müssen)
- in eine Position, in der Ihnen Neid und Mißgunst begegnen, in der an Ihrem »Stuhl gesägt« wird
- in eine Phase der Selbstbehauptung

Betonung bei Crowley: in eine Mutprobe, mit der Sie die Situation retten können

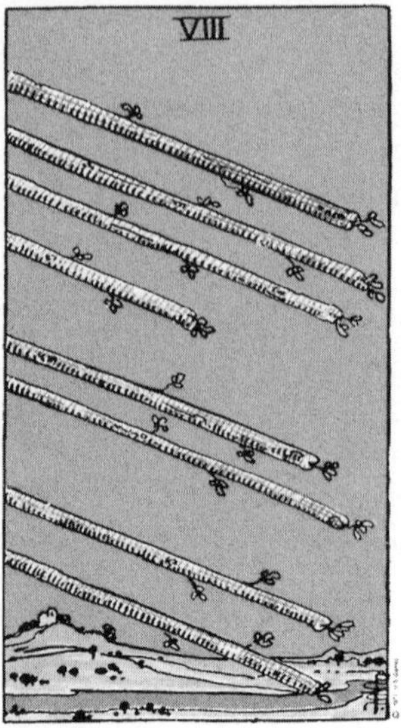

Acht Stäbe
(Schnelligkeit)

Die Zahl Acht bedeutet Veränderung, Wandlung und Neubeginn. Bei den Stäben heißt das Lebendigkeit und eine vielfach überraschende Geschwindigkeit im Gang der Ereignisse. Das bedeutet im *Rider-Tarot,* daß etwas – in aller Regel Erfreuliches – in der Luft liegt und bald eintreffen wird. Dabei kann es sich um eine gute Idee handeln, eine erhoffte Nachricht, ein nah bevorstehendes Ereignis oder etwa ein Brief, der schon mit der Post an den Fragenden unterwegs ist. Im *Crowley-Tarot* liegt die Aussage mehr auf dem Geistesblitz, auf der zündenden, rettenden oder zumindest sehr hilfreichen Idee und auf der geistigen Beweglichkeit.

Platz 1: Ausgangssituation:
Die Dinge sind in Bewegung geraten
Etwas Neues liegt in der Luft und steht unmittelbar bevor
Jetzt kommt Schwung in die Angelegenheit
Eine Nachricht wird Sie bald erreichen
Betonung bei Crowley: Sie haben eine zündende Idee

Platz 2: Jetzt geht es nicht darum:
- auf eine Nachricht zu warten
- zu glauben, daß Sie kurz vor Ihrem Ziel stehen
- daß etwas Neues in der Luft liegt
- daß alles schneller geht

Betonung bei Crowley: auf eine blitzartige Lösung zu hoffen

Platz 3: Statt dessen ist es jetzt wichtig:
- daß Sie sich auf Neuigkeiten einstellen
- daß Sie damit rechnen, daß alles viel schneller geht
- zu erkennen, was in der Luft liegt
- Überraschungen einzukalkulieren

Betonung bei Crowley: geistige Beweglichkeit zu beweisen und eine gute Idee zu entwickeln

Platz 4: Ihr nächster Schritt führt Sie:
- zu neuen Nachrichten
- zu schnellen Veränderungen
- zu neuen Impulsen und neuer Bewegung
- zu überraschenden und lebendigen Erfahrungen

Betonung bei Crowley: zu einer guten, vielleicht sogar rettenden Idee

Neun Stäbe
(Stärke)

Die Neun als Zahl der (inneren) Sammlung ist in der Stabserie Ausdruck demonstrativer Stärke und mutiger Entschlossenheit. Daß daraus auch leicht Verschlossenheit werden kann, zeigt die Karte im *Rider-Tarot,* wobei offen bleibt, ob diese Verschlossenheit der Situation angemessen ist oder nicht. In jedem Fall weist die Karte darauf hin, daß keine Anfeindungen in Sicht sind und die starke Abwehrhaltung auf frühere Verletzungen zurückzuführen ist. So ist die Rider-Karte nicht selten als Aufforderung zu verstehen, zu überprüfen, ob die Bedrohung wirklich oder nur eingebildet ist. Im *Crowley-Tarot* gibt es keinen derartigen Hinweis. Hier steht die Karte für große Spannkraft und gesunden Enthusiasmus und besagt, daß der Fragende Stärke, Mut und Willenskraft zeigen und einsetzen soll, um sein Ziel zu erreichen.

Platz 1: Ausgangssituation:
Sie wehren sich gegen neue Einsichten und Erfahrungen
Sie fühlen sich aufgrund früherer Erfahrungen bedroht
Sie haben sich eingeigelt und weigern sich weiterzugehen
Sie platzen fast vor Wut
Sie haben Angst, verletzt zu werden und halten sich bedeckt
Besonderheit bei Crowley: Sie haben begeistert Ihr Ziel verfolgt

Platz 2: Jetzt geht es nicht darum:
- sich bedroht zu fühlen und bedeckt zu halten
- sich gegen Neuerungen zu wehren
- sich den Rückzug zu versperren
- Angst zu haben, daß Salz in alte Wunden gelangt
- die Jalousien herunterzulassen
- sich gegen eine vermeintliche Bedrohung zu verteidigen

Besonderheit bei Crowley: Willenskraft und Mut zu zeigen

Platz 3: Statt dessen ist es jetzt wichtig:
- Ihre Position zu verteidigen und sich zu verschanzen
- hart und verschlossen zu sein
- daß Sie niemanden und nichts zu nahe an sich heranlassen
- auf keinen Fall rückfällig zu werden
- zu zeigen, daß Sie sich bedroht fühlen
- auch ohne erkennbare Gefahr sehr vorsichtig zu sein

Besonderheit bei Crowley: Ihre wahre Stärke zu spüren und einzusetzen

Platz 4: Ihr nächster Schritt führt Sie:
- zur Entschlossenheit, sich zu verteidigen
- in eine Abwehr- oder Trotzhaltung
- zu Starrsinn und verhärteten Fronten
- dazu, daß Sie eine Tür endgültig zuschlagen

Besonderheit bei Crowley: zur Entfaltung Ihrer Stärke

Zehn Stäbe
(Unterdrückung)

Die Zehn als Zahl der Fülle bedeutet für diese höchste Karte der Stabserie, daß Wachstum, Ruhm und Erfolg zur Belastung geworden sind und nun wie ein Joch auf den Schultern des Fragenden lasten. Dabei muß es sich nicht um einen aussichtslos gewordenen Endzustand handeln. Sehr wohl kann damit eine zwar heftige, aber dennoch vorübergehende Wachstumskrise gemeint sein. Im *Rider-Tarot* zeigt sich dieses Thema als Überforderung und mangelnde Perspektive, aber auch als ungeschickter Umgang mit dem Fragethema. Im *Crowley-Tarot* betont die Karte mehr die Härte dieser Erfahrung, aber auch die Unnachgiebigkeit, mit der der Fragende sich selbst und eventuell auch andere unter Druck setzt.

Platz 1: Ausgangssituation:
Sie fühlen sich zur Zeit überfordert
Sie werden von schweren Sorgen bedrückt
Ihre Bemühungen erscheinen Ihnen aussichtslos
Sie tragen schwer an Ihrer Verantwortung
Sie können nur schwer mit dem Problem umgehen
Sie haben die Perspektive verloren
Betonung bei Crowley: Sie haben sich und/oder andere unter Druck gesetzt

Platz 2: Jetzt geht es nicht darum:
- ungeschickt weiterzumachen
- daß Sie sich mehr zumuten, als Ihnen guttut
- sich Sorgen zu machen
- sich mit neuen Aufgaben zu überfordern
- sich zuviel Verantwortung aufzuladen

Betonung bei Crowley: noch mehr Druck zu machen

Platz 3: Statt dessen ist es jetzt wichtig:
- weiterzumachen, auch wenn Sie dabei nicht gerade geschickt sind
- sich auf eine anstrengende und belastende Zeit einzustellen
- zu zeigen, daß Sie überfordert sind und Hilfe brauchen
- sich Zeit zu geben, in die neue Aufgabe hineinzuwachsen
- zu prüfen, ob Sie wirklich alles alleine machen müssen

Betonung bei Crowley: innere und äußere Widerstände zu unterdrücken

Platz 4: Ihr nächster Schritt führt Sie:
- in eine Situation, in der Sie sich überfordert fühlen
- in eine Phase der Bedrückung und großer Verantwortung
- zu Aufgaben, denen Sie sich vorerst kaum gewachsen fühlen
- in das Gefühl der Ausweglosigkeit

Betonung bei Crowley: in eine Phase der Unnachgiebigkeit, in der Sie sich selbst oder andere unter Druck setzen

Bube der Stäbe · Prinzessin der Stäbe

Buben stehen für Chancen, die sich dem Frager von außen bieten. In dieser Karte liegt ein feuriger Impuls, der an unser Temperament und unsere Begeisterungsfähigkeit gerichtet ist. Etwas Spannendes liegt in der Luft und lockt den Fragenden oder fordert ihn heraus. Der *Rider-Tarot* gibt diesem Impuls keine weitere Färbung, es sei denn, man leitet die Vorstellung hitzig und exotisch aus dem Motiv ab. Dagegen verlegt der *Crowley-Tarot* den prickelnd-spannenden Impuls deutlich in den Bereich von Sexualität und Leidenschaft, was aber nicht heißt, daß die Prinzessin der Stäbe nicht auch auf andere Chancen und Impulse hinweisen kann, die auf den Fragenden zukommen und ihn herausfordern.

Platz 1: Ausgangssituation:
Sie haben eine Einladung zum Abenteuer erhalten
Ihnen wurde ein Vorschlag gemacht, der Sie begeistert
Eine neue, aufregende Möglichkeit reizt Sie
Ihnen bietet sich eine spannende Gelegenheit
Betonung bei Crowley: Ihre Lebenslust und -freude ist entflammt worden

Platz 2: Jetzt geht es nicht darum:
- sich für einen spannenden Vorschlag zu erwärmen
- auf eine Chance zu warten, die Sie begeistert
- darauf zu warten, daß andere Sie motivieren
- auf Anregungen von außen zu hoffen

Betonung bei Crowley: auf ein prickelndes Abenteuer zu hoffen

Platz 3: Statt dessen ist es jetzt wichtig:
- sich für einen heißen Tip oder einen abenteuerlichen Vorschlag zu öffnen
- die heiße Chance zu erkennen, die auf Sie zukommt
- ein Abenteuer zu wagen

Betonung bei Crowley: Ihre Lust und Leidenschaft wecken zu lassen

Platz 4: Ihr nächster Schritt führt Sie:
- zu einem belebenden Impuls von außen
- zu einer Chance, für die Sie sich begeistern können
- zu einem Angebot, das Sie motiviert

Betonung bei Crowley: zu der Gelegenheit, eine feurig-prickelnde Erfahrung zu machen

Ritter der Stäbe · Prinz der Stäbe

Ritter stehen für eine Stimmung, für eine Atmosphäre, in der etwas geschieht. Dabei verkörpert der Ritter der Stäbe den heißen Südwind, der als Überbringer der warmen Jahreszeit willkommen war, den man aber auch als Vernichter der Ernten fürchtete. Im *Rider-Tarot* steht diese Karte allem voran für eine feurige Stimmung, die von Ungeduld, Erlebnishunger, aber natürlich auch von Lebenslust und Lebensschwung gekennzeichnet ist. In manchen Fällen heißt sie aber einfach nur »heiße Luft«! Im *Crowley-Tarot* kommt dem Prinzen der Stäbe die gleiche Aussage zu. Die Betonung liegt aber noch stärker auf Sturm und Drang und auf der Lust, Neuland zu erobern.

Platz 1: Ausgangssituation:
Sie befinden sich in einer hitzigen Stimmung
Sie sind ungeduldig und können es nicht erwarten
Sie sind von der Sache begeistert
Sie sind ganz heiß
Betonung bei Crowley: Sie sind abenteuerlustig und auf Eroberungen aus

Platz 2: Jetzt geht es nicht darum:
- einen großen Wirbel zu machen
- der Sache einzuheizen
- ungeduldig und unbeherrscht zu sein
- den Draufgänger und Heißsporn zu spielen
- sich in die Sache hineinzusteigern

Betonung bei Crowley: Neuland zu erobern oder sich für Neues zu begeistern

Platz 3: Statt dessen ist es jetzt wichtig:
- heißblütig und voller Schwung an die Sache heranzugehen
- sich von der Energie mitreißen zu lassen und ein Risiko zu wagen
- Dampf abzulassen
- eine lebendige und unternehmungslustige Stimmung zu verbreiten

Betonung bei Crowley: Eroberungslust zu entfalten und etwas zu riskieren

Platz 4: Ihr nächster Schritt führt Sie:
- zu größerer Risikobereitschaft
- in eine Stimmung voller Ungeduld und Erlebnishunger
- in eine lebendige, temperamentvolle Phase
- in eine hitzige Atmosphäre
- zu Begeisterung und Lebensschwung

Betonung bei Crowley: in eine Sturm- und Drangphase, in der sie eine Eroberung machen wollen

Königin der Stäbe

In aller Regel stellt eine Königin eine Frau dar, in Ausnahmefällen aber auch einen Mann. Ob mit dieser Karte der Fragende selbst oder aber eine andere Person gemeint ist, hängt sowohl von der Fragestellung ab wie auch von dem Platz, auf dem die Karte innerhalb einer Kartenlegung erscheint.

Die Königin der Stäbe steht für eine Person, die die weibliche Seite des Feuerelements verkörpert. Das bedeutet, daß sie eine große Begeisterungsfähigkeit hat und für Herausforderungen offen ist, die Mut, Unternehmungslust und Risikobereitschaft verlangen oder nach einem Abenteuer riechen. Im *Rider-Tarot* wird ihr selbstbewußter Aspekt betont, der sie zu einer klugen, geschäftstüchtigen Person werden läßt (häufig eine Unternehmerin oder eine Vorgesetzte), wohingegen der *Crowley-Tarot* ihr Temperament und ihre Leidenschaft hervorhebt.

Platz 1: Ausgangssituation:
Sie treten stolz und selbstbewußt auf
Sie sind selbständig und unabhängig
Sie sind begeisterungsfähig
Sie gehen zuversichtlich an Ihr Vorhaben
Betonung bei Crowley: Sie haben sich impulsiv, temperamentvoll und leidenschaftlich gezeigt

Platz 2: Jetzt geht es nicht darum:
- sich begeistern und mitreißen zu lassen
- Stärke und Selbstständigkeit zu demonstrieren
- auf eine temperamentvolle Frau zu hören

Betonung bei Crowley: eine starke, vitale und begehrte Person zu spielen

Platz 3: Statt dessen ist es jetzt wichtig:
- optimistisch und zuversichtlich zu sein
- sich selbstbewußt und unabhängig zu zeigen
- auf den Rat einer temperamentvollen Frau zu hören, sie einzubeziehen oder ihr zu vertrauen

Betonung bei Crowley: voller Charme Ihre Verführungskünste einzusetzen

Platz 4: Ihr nächster Schritt führt Sie:
- zur Begegnung mit einer temperamentvollen Frau
- dazu, daß Sie sich von Ihrer temperamentvollen, lebenslustigen Seite zeigen
- zu Vitalität, Selbstbewußtsein und einem dynamischen Auftreten
- zu einer lebensbejahenden und zuversichtlichen Haltung

Betonung bei Crowley: zu einem temperamentvollen, leidenschaftlichen Auftreten

König der Stäbe · Ritter der Stäbe

In aller Regel stellt ein König einen Mann dar, in Ausnahmefällen aber auch eine Frau. Ob mit dieser Karte der Fragende selbst oder aber eine andere Person gemeint ist, hängt sowohl von der Fragestellung ab wie auch von dem Platz, auf dem die Karte innerhalb einer Kartenlegung erscheint.

Der König der Stäbe zeigt eine Person, die die männliche Seite des Feuerelements verkörpert. Dies bedeutet starke Willenskraft, Dynamik, Initiative und hohe Begeisterungsfähigkeit, verbunden mit der Gabe, andere zu motivieren. Ferner ein ungeduldiges Temperament, Unternehmungslust, Risikofreude und schwungvolle Lebensenergie. Im *Rider-Tarot* werden die Klugheit und die hohe Reife dieser Person hervorgehoben, aber auch die warme Ausstrahlung und die von Herzen kommende Großzügigkeit. Das gilt auch für den Ritter der Stäbe im *Crowley-Tarot,* wobei hier die kreative Seite, der dynamische Aspekt und das Streben nach hohen Idealen in den Vordergrund treten.

Platz 1: Ausgangssituation:
Sie sind souverän und selbstbewußt aufgetreten
Sie sind jemand, der andere motiviert
Sie sind von Ihrer Sache überzeugt
Sie gehen schwungvoll an Ihr Vorhaben
Betonung bei Crowley: Sie haben sich kreativ und/oder idealistisch gezeigt

Platz 2: Jetzt geht es nicht darum:
- sich an einen temperamentvollen Mann zu wenden oder auf ihn zu vertrauen
- rasant oder überzeugend aufzutreten
- sich großmütig oder gönnerhaft zu zeigen
- den eigenen Willen durchzusetzen
- die Führung zu beanspruchen

Betonung bei Crowley: nach hohen Idealen zu streben

Platz 3: Statt dessen ist es jetzt wichtig:
- vorbildlich aufzutreten, andere zu begeistern und mitzureißen
- den eigenen Willen zum Ausdruck zu bringen
- auf den Rat eines temperamentvollen Mannes zu hören, ihn einzubeziehen oder ihm zu vertrauen
- überzeugt und selbstbewußt an das Vorhaben zu gehen
- die treibende Kraft in der Sache zu sein

Betonung bei Crowley: kreativ zu sein und hohe Ziele anzustreben

Platz 4: Ihr nächster Schritt führt Sie:
- in eine Phase schwungvoller Lebensenergie
- zur Begegnung mit einem temperamentvollen Mann
- zu hoher Willenskraft und großer Motivation
- zur Entfaltung Ihrer Stärke
- zu Selbstvertrauen und Souveränität

Betonung bei Crowley: zu einem imposanten Auftritt

As der Kelche

Asse stehen – entsprechend der Zahl Eins – für Chancen, die es zu entdecken und zu entwickeln gilt. Im Kelch As liegt die Chance, zu tiefem innerem Glück und zu seiner wahren Berufung zu finden. Voraussetzung hierfür ist es, sich den vorhandenen Möglichkeiten zu öffnen, sie zu erkennen und sich auf dem Weg zum Ziel führen zu lassen, statt selbstherrlich die Wünsche des eigenen Egos befriedigen zu wollen. In den *Rider-Karten* wird dieser Aspekt besonders dadurch betont, indem hier das große Glück in Form des heiligen Grals als ein Gnadenakt, als ein Geschenk des Himmels dargestellt wird. Auch der *Crowley-Tarot* zeigt den Gralskelch und betont, daß Hingabefähigkeit und die Bereitschaft, sich zu öffnen, unverzichtbare Vorbedingung für die Erfahrung des großen Glücksgefühls darstellen.

Platz 1: Ausgangssituation:
Sie haben jetzt die Chance,
- eine glückliche Erfahrung zu machen
- sich zu verlieben
- Ihre wahre Berufung zu finden
- Glück und Erfüllung zu finden

Betonung bei Crowley: Wenn Sie sich jetzt öffnen, haben Sie die Chance, großes Glück zu erleben

Platz 2: Jetzt geht es nicht darum:
- auf Glück und Erfüllung zu hoffen
- daß sich Ihre Wünsche erfüllen
- nach Ihrer Berufung zu suchen
- zu hoffen oder zu erwarten, tief in Ihrem Inneren berührt zu werden

Betonung bei Crowley: das große Glück zu suchen

Platz 3: Statt dessen ist es jetzt wichtig:
- sich mit ganzem Herzen einzulassen
- die Chance zu erkennen und zu nutzen, die Sie glücklich macht
- Ihrer wahren Berufung zu folgen
- auf die Erfüllung Ihrer Wünsche zu vertrauen

Betonung bei Crowley: sich zu öffnen, um die große Chance nicht zu verpassen

Platz 4: Ihr nächster Schritt führt Sie:
zur Chance,
- tief im Innern berührt zu werden
- der großen Liebe zu begegnen
- Wunscherfüllung und Glück zu finden
- Ihre eigentliche Berufung zu entdecken

Betonung bei Crowley: zur Chance, eine tief beglückende Erfahrung zu machen, sofern Sie sich wirklich hingeben und einlassen

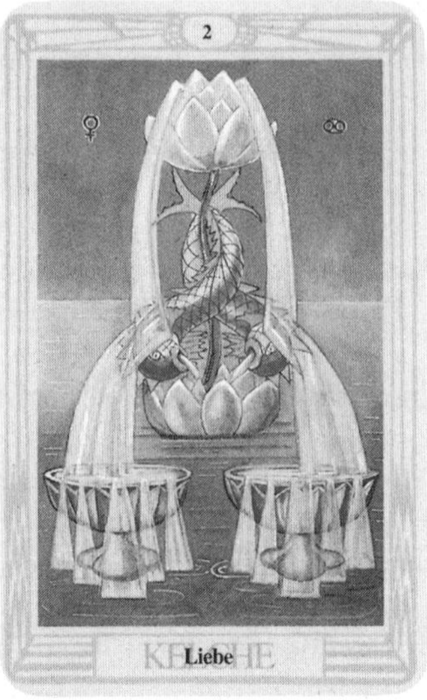

Zwei Kelche

(Liebe)

Auf der Kelchebene kommt die Polarität der Zahl Zwei in ihrer angenehmsten Form zum Ausdruck: als Anziehungskraft der Gegensätze. So steht sie im *Rider-Tarot* für die liebevolle Begegnung und meint damit sowohl den zündenden Moment der »Liebe auf den ersten Blick« als auch, sich stets wieder neu zu entdecken und zu begegnen. Damit ist die Karte aber nicht auf den Bereich von Liebe und Partnerschaft festgelegt. Sie kann ebenso darauf hinweisen, daß sich Menschen in anderen Bereichen sympathisch finden und einander willkommen heißen. Im *Crowley-Tarot* hat die Karte die gleiche Bedeutung.

Platz 1: Ausgangssituation:
Sie haben eine wichtige Begegnung gehabt
Sie haben sich verliebt
Man ist Ihnen sehr entgegengekommen
Sie haben sich wieder versöhnt

Platz 2: Jetzt geht es nicht darum:
- charmant und liebenswürdig zu sein
- auf Gemeinsamkeit zu setzen
- sich zu versöhnen oder zu verbünden
- offen auf andere zuzugehen
- die Begegnung zu suchen

Platz 3: Statt dessen ist es jetzt wichtig:
- sich mit jemanden zusammenzutun
- Freundschaft zu schließen
- Frieden zu stiften oder sich zu versöhnen
- aufeinander zuzugehen und gemeinsame Sache zu machen
- Liebe zu geben und zu empfangen

Platz 4: Ihr nächster Schritt führt Sie:
- zu einer liebevollen Begegnung
- in eine herzliche und harmonische Zeit
- in eine verliebte Phase
- zu Versöhnung und Verständnis
- zu einer liebevollen Verbindung oder Freundschaft
- zu beidseitigem Entgegenkommen

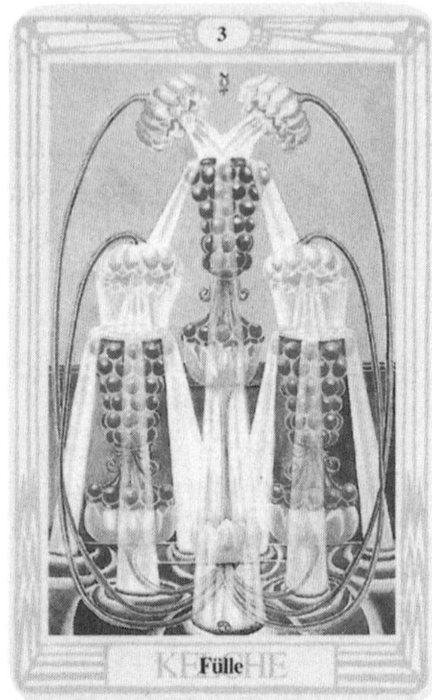

Drei Kelche
(Fülle)

Die stabile Qualität der Zahl Drei zeigt sich bei den Kelchen als Glück und Zufriedenheit angesichts einer erfreulichen Entwicklung. Der *Rider-Tarot* drückt dies im Bild des Erntedanks aus und betont damit zugleich die Gefühle von Dankbarkeit und Freude. Gleichbedeutend ist die Karte im *Crowley-Tarot,* die den Akzent nur noch stärker auf die Fülle legt, auf die wirklich üppige Ernte, mit der der Fragende rechnen darf.

Platz 1: Ausgangssituation:
Sie sind mit dem bisherigen Verlauf zufrieden
Sie feiern ein »Erntedankfest«
Sie sind dankbar für das Erreichte
Sie sind vergnügt und guter Laune
Betonung bei Crowley: Sie haben eine wirklich gute Ernte eingebracht

Platz 2: Jetzt geht es nicht darum:
- ein Fest zu feiern
- sich schon über die Ernte zu freuen
- fröhlich und ausgelassen zu sein
- dankbar und zufrieden mit dem Erreichten zu sein
- eine glückliche Zeit zu erleben

Betonung bei Crowley: nach Fülle zu streben

Platz 3: Statt dessen ist es jetzt wichtig:
- den Anlaß gebührend mit einem Freudenfest zu feiern
- sich über das Erreichte zu freuen
- Dankbar auch andere an Ihrem Erfolg teilhaben zu lassen

Betonung bei Crowley: die Fülle des Erreichten zu genießen

Platz 4: Ihr nächster Schritt führt Sie:
- zu Dankbarkeit und großer Freude über das Erreichte
- dazu, ein Fest zu feiern
- in eine Situation, in der Sie dankbar Ihren Erfolg genießen können
- in eine glückliche Zeit

Betonung bei Crowley:
- zu einer überreichen Ernte
- zu Hülle und Fülle

Vier Kelche
(Üppigkeit)

Die Verfestigung, die von der Zahl Vier ausgedrückt wird, bedeutet auf der Ebene der Kelche (Gefühle) Befriedigung und Sattheit, wenn nicht bereits Überdruß und unangenehme Völlegefühle. Im *Rider-Tarot* kommt dieser Übertreibungsaspekt in Form eines Katergefühls zum Ausdruck. Zugleich warnt diese Karte davor, in Phasen der Verdrossenheit, des Unmuts und der schlechten Laune Scheuklappen aufzusetzen: Wir könnten dann vor lauter Beleidigtsein wesentliche Chancen übersehen, die gerade in solchen Situationen oft greifbar nahe sind. Dagegen ist im *Crowley-Tarot* kein Übertreibungsaspekt zu erkennen. Hier zeigt die Karte die Fülle der Gefühle in üppiger und tief befriedigender Weise.

Platz 1: Ausgangssituation:
Sie haben übertrieben und sind der Sache jetzt überdrüssig
Sie sind beleidigt und übersehen möglicherweise eine gute Chance
Sie haben erreicht, was Sie wollten, und stellen jetzt fest, daß Sie trotzdem nicht zufrieden sind
Sie sind unausgefüllt, aber auch interesselos
Ihnen wird schon schlecht, wenn Sie nur daran denken
Besonderheit bei Crowley: Sie sind tief zufrieden

Platz 2: Jetzt geht es nicht darum:
- unmutig, verdrossen und schlechter Laune zu sein
- in Trägheit und Apathie zu verfallen
- sich beleidigt zurückzuziehen und vielleicht eine wertvolle Gelegenheit zu übersehen
- zu schmollen und zu grollen

Besonderheit bei Crowley:
- sich überschwenglichen Gefühlen hinzugeben
- in Hochgefühlen zu schwelgen

Platz 3: Statt dessen ist es jetzt wichtig:
- zu zeigen, daß Sie beleidigt und »sauer« sind
- sich die Zeit zu nehmen, Ihren Kater auszukurieren
- keine Scheuklappen aufzusetzen
- trotz allen Unmuts wertvolle Chancen nicht zu übersehen
- zu erkennen, was Sie so lähmt

Besonderheit bei Crowley: »aus dem vollen zu schöpfen« und die Situation zu genießen

Platz 4: Ihr nächster Schritt führt Sie:
- zu einer heftigen Frustration oder einem Katergefühl
- in die Krise eines unausgefüllten Lebens
- in eine tiefe Verstimmung
- in einen Schmollwinkel oder ein seelisches Tief

Besonderheit bei Crowley: zum »Auskosten« Ihrer Hochgefühle

Fünf Kelche
(Enttäuschung)

Die Krisenzahl Fünf bedeutet auf der emotionalen Ebene Kummer, Enttäuschung und Verlassenheitsgefühle. Im *Rider-Tarot* steht sie für das Tal der Tränen, das der Fragende durchqueren muß, und für den Kummer und den Schmerz darüber, daß etwas zuvor Wertvolles gescheitert ist. Dabei hebt die Karte hervor, daß der Fragende in seinem Schmerz nicht alleingelassen wird, sondern auf die Unterstützung von Freunden vertrauen darf. Sie sagt weiterhin, daß der Ausweg aus der Krise nicht fern ist und dem Frager offensteht, sobald er seinen Schmerz bewältigt hat. Diese tröstenden Aspekte kommen im *Crowley-Tarot* weniger zum Ausdruck. Hier liegt der Akzent mehr auf der Niedergeschlagenheit darüber, daß etwas zuvor Schönes nun verdorben ist. Die Karte sagt allerdings auch, daß, nachdem diese leidvolle Erfahrung lange genug im Fragenden gegoren hat, sie den Humus bilden wird, aus dem eine neue, erfreuliche Entwicklung hervorgeht.

Platz 1: Ausgangssituation:
Sie haben eine tiefe Enttäuschung erlebt
Ihre Hoffnungen sind gescheitert
Sie sind verlassen worden
Sie gehen durch eine schwierige Phase voll Schmerz und Kummer
Betonung bei Crowley: Sie sind niedergeschlagen und enttäuscht

Platz 2: Jetzt geht es nicht darum:
- sich Sorgen zu machen oder traurig zu sein
- zu verzweifeln oder sich alleingelassen zu fühlen
- unglücklich zu sein und den Kopf hängen zu lassen
- mit Kummer oder Enttäuschung zu rechnen
- in Schmerz zu verharren

Betonung bei Crowley: eine Enttäuschung zu befürchten

Platz 3: Statt dessen ist es jetzt wichtig:
- ein Tal der Tränen zu durchqueren
- schmerzhafte Erkenntnisse, Tränen und Trauer zuzulassen
- Ihre Betroffenheit zu zeigen
- zu sehen, daß etwas Wertvolles gescheitert ist
- sich Zeit zu nehmen, den Schmerz zu bewältigen

Betonung bei Crowley: mit einer Enttäuschung zu rechnen

Platz 4: Ihr nächster Schritt führt Sie:
- in eine Gefühlskrise
- zu schmerzhaften Verlusten
- zurück zu alten Verletzungen, die Sie schon überwunden glaubten
- zu Kummer und Sorgen

Betonung bei Crowley: zu Enttäuschung und Niedergeschlagenheit

Sechs Kelche
(Genuß)

Die hilfreiche und verbindende Qualität der Zahl Sechs bedeutet in der Serie der Kelche, daß die Gefühle fließen und sich dabei in einem harmonischen Kräftegleichgewicht befinden. Damit beschreibt die Karte einen Zustand von Freude, Zufriedenheit und guter Stimmung. Der *Rider-Tarot* zeigt, daß die Gefühle in die Erinnerung fließen und an alten Wünschen, Absichten und Plänen rühren und sie wieder wachrufen. So steht die Karte hier für die Freude der Erinnerung und die Inspiration, die diese inneren Bilder ausüben. Sie kann auch auf eine Standortbestimmung hinweisen, wenn wir uns erinnern, wohin wir ursprünglich wollten, und diese Ziele mit dem Erreichten vergleichen. Im *Crowley-Tarot* liegt der Akzent dagegen mehr auf der Aussage, daß es der Fragende genießt, seine Mitte (wieder-) gefunden zu haben, und ausgeglichen, zufrieden und guten Mutes ist.

Platz 1: Ausgangssituation:
Sie blicken (wehmütig) zurück in Ihre Kindheit
Sie denken an frühere Pläne oder Wünsche
Sie werden an die Vergangenheit erinnert
Sie hängen zur Zeit nostalgischen Träumen nach
Besonderheit bei Crowley: Sie erleben eine genußvolle Zeit

Platz 2: Jetzt geht es nicht darum:
- in der Vergangenheit zu wühlen
- (wehmütig) zurückzublicken
- verträumten Gedanken nachzuhängen
- in Erinnerungen zu schwelgen

Besonderheit bei Crowley: sinnlichen Genüssen zu frönen

Platz 3: Statt dessen ist es jetzt wichtig:
- sich zu erinnern und sich von Erinnerungen inspirieren zu lassen
- romantischen Gefühlen Raum zu geben
- Ihr inneres Kind zu suchen
- sich Ihrer früheren Wünsche, Absichten und Pläne zu erinnern, und sie – wenn möglich – jetzt zu verwirklichen
- zurückzuschauen und in Ihrer Vergangenheit, vor allem in Ihrer Kindheit zu suchen

Besonderheit bei Crowley: Das Leben wirklich zu genießen

Platz 4: Ihr nächster Schritt führt Sie:
- zu einer Begegnung mit Ihrer Vergangenheit
- zu einem wertvollen Rückblick
- zurück in Ihre Kindheit
- zu einer Geschichte aus alter Zeit
- zu einer Standortbestimmung

Besonderheit bei Crowley: in eine Phase voller Freude, die Sie vollen Herzens genießen

Sieben Kelche
(Verderbnis)

Der Risikocharakter der Zahl Sieben verbirgt sich bei der Kelchkarte in der Gefahr, einer Fata Morgana aufzusitzen. Zwar ist die Sieben Kelche in manchen Fällen auch die Karte von Visionen, in aller Regel jedoch steht sie für trügerische Illusionen. Nur selten ermuntert sie den Fragenden, seine Phantasien fließen zu lassen und seinen Träumen Raum zu geben. Viel häufiger ist sie eine Karte, die uns vor falschem Wunschdenken, vor trügerischen Hoffnungen und vor Wirklichkeitsflucht warnt. So stellt auch der *Rider-Tarot* den illusionären Aspekt in den Vordergrund, sagt aber auch, daß dem Fragenden geholfen wird, wenn er sich nicht in der Fülle seiner Träume verliert, sondern sich auf eine Vision konzentriert und beharrlich an ihrer Verwirklichung arbeitet. Im *Crowley-Tarot* ist dieser Aspekt nicht zu finden. Hier liegt die Bedeutung der Karte ganz und gar in der trügerischen, gefährlichen Selbsttäuschung, oft in einer giftigen Verbindung mit Rausch, Sucht und Abhängigkeit.

Platz 1: Ausgangssituation:
Sie sind in Gefahr, einer Fata Morgana nachzulaufen
Sie wollen die Wirklichkeit nicht sehen und machen sich Illusionen
Sie haben sich verführen und täuschen lassen
Sie sind Opfer falscher Versprechungen geworden
Sie träumen
Betonung bei Crowley: Sie sind in eine Scheinwelt geflohen

Platz 2: Jetzt geht es nicht darum:
- der Wirklichkeit zu entfliehen und sich zu berauschen
- die rosarote Brille aufzusetzen
- sich unkritisch zu verhalten und verführen zu lassen
- in Träumen zu schwelgen und auf Wolken zu schweben

Betonung bei Crowley:
- einer Selbsttäuschung aufzusitzen
- Weltflucht zu betreiben

Platz 3: Statt dessen ist es jetzt wichtig:
- Ihren (unausgelebten) Phantasien freien Lauf zu lassen
- sich auf eine Vision zu konzentrieren und an ihrer Verwirklichung zu arbeiten
- Phantasie zu zeigen und Luftschlösser zu bauen
- sich von Träumen inspirieren zu lassen

Betonung bei Crowley: die Gefahr von Rausch, Sucht und Abhängigkeit vor Augen zu haben

Platz 4: Ihr nächster Schritt führt Sie:
- in eine Täuschung, die zu einer Ent-täuschung führt
- ins Land der Träume und vielleicht (!) zu einer visionären Schau der Dinge
- zu einem faulen Zauber
- zu törichtem Wunschdenken

Betonung bei Crowley: in die Flucht vor der Wirklichkeit

Acht Kelche
(Trägheit)

Die Acht als Zahl der Wandlung bedeutet auf der Ebene der Kelche das Ende einer vertrauten Phase und den Aufbruch ins Ungewisse. Im *Rider-Tarot* zeigen die Acht Kelche im Vordergrund, wie sehr das Zurückgelassene dem Aufbrechenden am Herzen lag. Sie macht allerdings keine Aussage darüber, ob es sich dabei um das angenehm Vertraute handelt oder nur um das vertraute Elend, von dem wir uns bekanntlich nicht viel leichter lösen. Der Weg durch die dunkle Schlucht im Mondlicht macht die Unsicherheit spürbar, die diesen Aufbruch begleitet. Dabei ist das rote Gewand des Aufbrechenden allerdings ein wichtiger Hinweis, daß der Mensch aus eigenem Antrieb geht und nicht etwa, weil er vertrieben wird. Es ist aber auch nicht auszuschließen, daß ihm einfach nichts anderes übrigblieb, als zu gehen. Dagegen akzentuiert die Karte im *Crowley-Tarot* weniger den Aufbruch – obwohl er auch hier dringend geraten ist – sondern betont vielmehr, daß das Umfeld verdorben ist, daß dort giftige Gefahren lauern, daß das Alte verfault und nicht mehr zu retten ist.

Platz 1: Ausgangssituation:
Sie sind auf dem Weg ins Ungewisse
Sie haben sich schweren Herzens getrennt
Sie stecken in einem schmerzhaften Loslösungsprozeß
Sie wissen, daß Sie nun gehen müssen
Besonderheit bei Crowley: Sie »fischen im trüben«

Platz 2: Jetzt geht es nicht darum:
- sich von Dingen zu lösen, die Ihnen am Herzen liegen
- Vertrautes aufzugeben
- ins Ungewisse aufzubrechen
- in der Ferne zu suchen

Besonderheit bei Crowley:
- zu resignieren oder Ihre Absichten aufzugeben
- Gefahr und Verderben zu befürchten

Platz 3: Statt dessen ist es jetzt wichtig:
- liebgewordene Gewohnheiten und Vorstellungen loszulassen
- eine vertraute Situation zu verlassen und in eine ungewisse Zukunft aufzubrechen
- schweren Herzens Abschied zu nehmen
- nach einem Ausweg zu suchen, auch wenn es schwerfällt

Besonderheit bei Crowley: zu erkennen, daß die Sache verdorben und nicht mehr zu retten ist

Platz 4: Ihr nächster Schritt führt Sie:
- zu einem Abschied aus eigenem Entschluß
- schweren Herzens auf einen noch unbekannten Weg
- zur Gewißheit, daß Sie gehen müssen
- zu einem schweren Aufbruch ins Ungewisse

Besonderheit bei Crowley: in ein verdorbenes Umfeld, in dem Gefahren lauern

Neun Kelche
(Freude)

Der Rückzugscharakter der Zahl Neun kommt in den Kelchen in angenehmster Weise zum Ausdruck. Es ist die Freude – nach allen Anstrengungen des Tages – den Feierabend oder den Lebensabend im vertrauten Kreis zu genießen. Diese Karte verheißt Zeiten des Frohsinns und einer ungetrübten Lebensfreude. Im *Rider-Tarot* steht sie für einen Menschen, der sich verdientermaßen eine gute Zeit macht, und betont zudem den Aspekt der Geselligkeit. Dagegen wird im *Crowley-Tarot* die überschäumende Lebensfreude hervorgehoben, und unbeschwerter Frohsinn, der zu wahrer Glückseligkeit führen kann.

Platz 1: Ausgangssituation:
Sie genießen Ihre jetzige Situation
Sie machen sich eine gute Zeit
Sie sind sorglos und entspannt
Sie zeigen sich von Ihrer geselligen Seite
Betonung bei Crowley: Sie sind voller Freude

Platz 2: Jetzt geht es nicht darum:
- daß Sie es sich gutgehen lassen
- sich eine gute Zeit zu machen
- auf Geselligkeit oder auf gute Freunde zu setzen
- zu schwelgen oder gar zu prassen

Betonung bei Crowley: Glückseligkeit zu suchen

Platz 3: Statt dessen ist es jetzt wichtig:
- daß Sie sich verwöhnen
- daß Sie ein Fest machen und Ihre Freunde einladen
- daß Sie Ihren Feierabend genießen
- daß Sie echte Lebensfreude entfalten

Betonung bei Crowley: Frohsinn und wahre Lebensfreude zu entfalten

Platz 4: Ihr nächster Schritt führt Sie:
- zu einem Erlebnis, das Sie genießen werden
- in den Kreis guter Freunde
- dazu, daß Sie es sich verdientermaßen gutgehen lassen
- zu Gesundheit und Wohlergehen
- zu unbeschwerter Lebensfreude

Betonung bei Crowley: zu Glück und überschäumender Lebensfreude

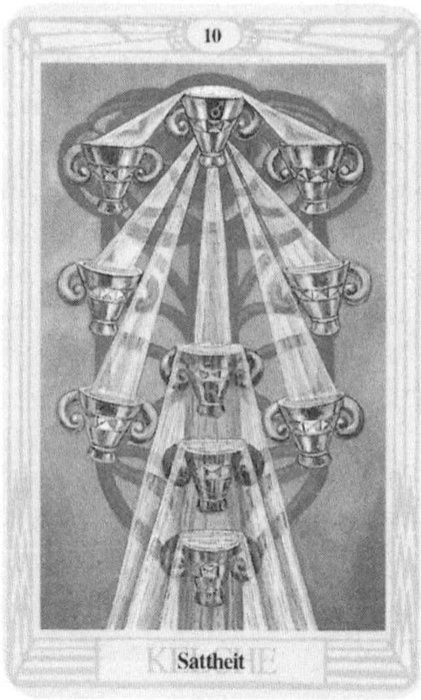

Zehn Kelche
(Sattheit)

Die Qualität der Zehn als Zahl der Fülle steht hier in der höchsten Karte der Kelchserie für die volle Entfaltung der Gefühle und damit für höchstes Glück. Der *Rider-Tarot* hebt dabei vor allem die glückliche Familie hervor und das Glück, ein Zuhause zu haben und mit den richtigen Menschen zusammenzusein. Die Karte bedeutet aber auch große Liebe oder kann auf eine wichtige neue Freundschaft hinweisen. Auch die *Crowley-Karte* steht für Erfüllung und tief erlebtes Glück. Sie betont aber auch, daß der Höhepunkt erreicht wurde und es damit an der Zeit ist, das große Glück zu genießen, ohne es festhalten zu wollen.

Platz 1: Ausgangssituation:
Alles scheint zur Zeit in bester Ordnung zu sein
Sie leben in Frieden und Harmonie
Sie fühlen sich glücklich und geborgen
Sie sind in der Gemeinschaft, in der Sie sich zu Hause fühlen
Sie haben das Gefühl, am Ziel angekommen zu sein
Betonung bei Crowley: Sie haben den Höhepunkt einer Entwicklung erreicht. Sie sind nun (hoffentlich) satt

Platz 2: Jetzt geht es nicht darum:
- sich liebenswürdig und friedlich zu zeigen
- Gemeinschaft und Geborgenheit zu suchen
- Übereinstimmung mit Ihnen Nahestehenden zu erzielen
- freundschaftliche Kontakte zu pflegen
- ein Zuhause zu suchen

Betonung bei Crowley: den Höhepunkt Ihres Glücks anzustreben

Platz 3: Statt dessen ist es jetzt wichtig:
- die Geborgenheit von Ihnen vertrauten Menschen aufzusuchen
- sich mit anderen zusammenzutun
- ein Zuhause zu suchen oder aufzusuchen
- Frieden oder Freundschaft zu schließen
- eine Familie zu gründen

Betonung bei Crowley:
- den Höhepunkt zu genießen, aber auch wieder loszulassen
- den Dornröschenschlaf auszuträumen

Platz 4: Ihr nächster Schritt führt Sie:
- zum Beginn eines neuen Miteinanders
- in eine Gemeinschaft, in der Sie sich zu Hause fühlen
- zum harmonischen und glücklichen Abschluß
- zu einer wichtigen (neuen) Freundschaft

Betonung bei Crowley: zu einem Höhepunkt Ihrer seelischen Entwicklung

Bube der Kelche · Prinzessin der Kelche

Buben stehen für Chancen, die sich dem Frager von außen bieten. Dabei sind die wohltuenden Impulse, die von dieser Karte angezeigt sind, sehr beliebt. Sie sind Wasser auf unsere Mühlen. Dort wo es um harte Fakten geht – etwa im Berufsleben – mögen die Aussichten, die diese Karte bietet, manchmal etwas zu vage sein. Auf der emotionalen Ebene jedoch steht sie für tief beglückende Erfahrungen, die auf den Fragenden zukommen. Im *Rider-Tarot* liegt darüber hinaus die versöhnliche Geste, das Friedensangebot oder auch die Liebeserklärung und der Heiratsantrag im Themenkreis dieser Karte. Wohingegen die Prinzessin der Kelche im *Crowley-Tarot* auch eine rätselhafte Begegnung oder Erfahrung verkörpern kann, oder einen Impuls, der dem Fragenden die Augen öffnet.

Platz 1: Ausgangssituation:
Sie haben »Wasser auf Ihre Mühlen« erhalten
Ihnen wurde ein Friedensangebot gemacht
Sie haben eine erfreuliche Nachricht erhalten
Man ist Ihnen entgegengekommen
Jemand hat Ihnen geschmeichelt oder seine Liebe erklärt
Betonung bei Crowley: Eine geheimnisvolle Möglichkeit hat sich Ihnen eröffnet

Platz 2: Jetzt geht es nicht darum:
- auf einen versöhnlichen Impuls zu hoffen
- auf emotionale Unterstützung zu warten
- mit einer freundlichen Geste zu rechnen
- einen gutgemeinten Rat zu erwarten oder anzunehmen
- einer Schmeichelei Glauben zu schenken

Betonung bei Crowley: darauf zu warten, daß Ihnen die Augen geöffnet werden

Platz 3: Statt dessen ist es jetzt wichtig:
- gutgemeinte Anregungen anzunehmen
- sich für ein Zeichen der Versöhnung zu öffnen
- auf einen Impuls von außen zu warten
- einen gutgemeinten Rat anzunehmen
- das Friedensangebot anzunehmen, sich auszusöhnen, zu verzeihen

Betonung bei Crowley: sich einem geheimnisvollen Zauber nicht zu verschließen

Platz 4: Ihr nächster Schritt führt Sie:
- zu einem erfreulichen Impuls von außen, der Ihnen sehr gut tut und Spaß macht
- zu einem Erlebnis, das Ihnen schmeichelt
- in eine Situation, die »Wasser auf Ihre Mühlen« ist
- zu Aussöhnung und Verzeihung

Betonung bei Crowley: zu einem rätselhaften Impuls oder einer geheimnisvollen Geste

Ritter der Kelche · Prinz der Kelche

Ritter stehen für eine Stimmung, für eine Atmosphäre, in der etwas geschieht. Dabei verkörpert der Ritter der Kelche den sanften Westwind, die laue Frühlingsluft oder die leichte Abendbrise, die gute Laune ausbreitet und Gefühle der Zuneigung entstehen und wachsen läßt. Im *Rider-Tarot* liegt der Akzent auf den liebevollen Gefühlen und auf der friedvollen und harmonischen Atmosphäre. Dagegen hebt der Prinz der Kelche im *Crowley-Tarot* hervor, daß diese Gefühle den Fragenden beflügeln, sich aus alten Sümpfen zu befreien und sich zu hohen Glückserfahrungen aufzuschwingen.

Platz 1: Ausgangssituation:
Sie sind gut gelaunt und befinden sich in einer ruhigen und entspannten Phase
Sie sind fröhlich und friedlich
Sie sind ganz verliebt
Betonung bei Crowley: Sie sind von der Sache beflügelt

Platz 2: Jetzt geht es nicht darum:
- Frieden zu stiften
- sich auszusöhnen
- nett und freundlich zu sein
- von der Angelegenheit zu träumen oder Phantasien nachzuhängen

Betonung bei Crowley: sich zu hohen Glücksgefühlen aufzuschwingen

Platz 3: Statt dessen ist es jetzt wichtig:
- liebevoll und gut gelaunt an die Sache heranzugehen
- sanft und versöhnlich zu sein
- eine harmonische oder romantische Stimmung herbeizuführen oder zu verbreiten
- die Dinge von ihrer heiteren, verträumten Seite zu betrachten

Betonung bei Crowley: sich von seinen Gefühlen nach oben tragen zu lassen

Platz 4: Ihr nächster Schritt führt Sie:
- in die laue Frühlingsluft
- in eine Stimmung voller Ruhe und Entspannung
- in eine romantische, verliebte Phase
- in eine liebevolle Atmosphäre

Betonung bei Crowley: in eine Auftriebsphase, in der Sie von einer Gefühlswoge getragen werden

Königin der Kelche

In aller Regel stellt eine Königin eine Frau dar, in Ausnahmefällen aber auch einen Mann. Ob mit dieser Karte der Fragende selbst oder aber eine andere Person gemeint ist, hängt sowohl von der Fragestellung ab wie auch von dem Platz, auf dem die Karte innerhalb einer Kartenlegung erscheint.

Die Königin der Kelche steht für eine Person, die die weibliche Seite des Wasserelements verkörpert. Das bedeutet, daß sie großes Einfühlungsvermögen und eine starke Hingabefähigkeit hat und daß sie auf der emotionalen Ebene ansprechbar und offen ist. Sie ist die Muse, die instinktsicher spürt, welche Möglichkeiten und Talente in ihrem Gegenüber schlummern, und es macht ihr große Freude, diese Anlagen im anderen zu erwecken. Im *Rider-Tarot* werden darüber hinaus ihre medialen und seherischen Fähigkeiten betont, wie auch die *Crowley-Karte* die Orakelfee zeigt, die weise Frau, die sich nur von ihrer inneren Stimme leiten läßt und aus tiefer Intuition heraus ihr Leben gestaltet.

Platz 1: Ausgangssituation:
Sie sind ruhig und gelassen
Sie lassen sich von Ihrem Gefühl leiten
Sie sind einfühlsam und verständnisvoll
Sie haben den richtigen Instinkt für die Angelegenheit
Betonung bei Crowley: Sie lassen sich von Ihrer inneren Stimme leiten

Platz 2: Jetzt geht es nicht darum:
- Mitgefühl und Verständnis zu zeigen
- geduldig und nachsichtig zu sein
- zu rätseln, worum es wohl geht
- auf eine einfühlsame oder mediale Frau zu hören

Betonung bei Crowley: die Orakelfee zu spielen oder aufzusuchen

Platz 3: Statt dessen ist es jetzt wichtig:
- mitfühlend und hilfsbereit zu sein
- auf Ihre innere Stimme zu hören
- auf den Rat einer einfühlsamen oder medialen Frau zu hören, sie einzubeziehen oder ihr zu vertrauen

Betonung bei Crowley: sich von Ihrer Intuition leiten zu lassen, oder eine weise Frau zu befragen

Platz 4: Ihr nächster Schritt führt Sie:
- dazu, daß Sie sich von Ihrer geheimnisvollen Seite zeigen
- zur Begegnung mit einer einfühlsamen oder medialen Frau
- dahin, daß Sie genau spüren, was stimmig für Sie ist
- in eine Situation, in der Sie Feingefühl und Hilfsbereitschaft zeigen

Betonung bei Crowley: zu Ihren helfenden oder heilenden Kräften

König der Kelche · Ritter der Kelche

In aller Regel stellt ein König einen Mann dar, in Ausnahmefällen aber auch eine Frau. Ob mit dieser Karte der Fragende selbst oder aber eine andere Person gemeint ist, hängt sowohl von der Fragestellung ab wie auch von dem Platz, auf dem die Karte innerhalb einer Kartenlegung erscheint.

Der König der Kelche zeigt eine Person, die die männliche Seite des Wasserelements verkörpert. Das bedeutet ein treffsicheres Gespür, den »richtigen Riecher«, großes Einfühlungsvermögen, die Fähigkeit, die eigenen Gefühle zu zeigen und mit der Kraft der inneren Bilder auch andere zu inspirieren und ihre Träume und Phantasien zu beflügeln. Der *Rider-Tarot* hebt hervor, daß der König der Kelche diesen starken Zugang zum Unbewußten hat, aber nicht Gefahr läuft, von ihnen verschlungen zu werden. Wohingegen der Ritter der Kelche im *Crowley-Tarot* den Menschen zeigt, der, von edlen Gefühlen beflügelt, nach dem höchsten erreichbaren Gute strebt.

Platz 1: Ausgangssituation:
Sie haben Ihre Gefühle offen gezeigt
Sie haben sich gütig und nachsichtig gezeigt
Sie haben gutes Gespür bewiesen
Sie haben den »richtigen Riecher« für die Angelegenheit
Betonung bei Crowley: Sie sind von edlen Gefühlen beflügelt und streben nach hohen Zielen

Platz 2: Jetzt geht es nicht darum:
- sich an einen einfühlsamen Mann zu wenden oder auf ihn zu vertrauen
- verträumt und weltfremd zu sein
- sich weich und nachsichtig zu zeigen
- sich sozial zu engagieren

Betonung bei Crowley: nach hohen Idealen zu streben

Platz 3: Statt dessen ist es jetzt wichtig:
- Mitgefühl zu zeigen und anderen zu helfen
- Ihre mediale Veranlagung zum Ausdruck zu bringen
- auf den Rat eines einfühlsamen Mannes zu hören, ihn einzubeziehen oder ihm zu vertrauen
- mit gutem Gespür an das Vorhaben zu gehen
- sich der Bilderwelt der Seele zuzuwenden
- einfühlsam und nachsichtig aufzutreten

Betonung bei Crowley: das höchste erreichbare Gut anzustreben

Platz 4: Ihr nächster Schritt führt Sie:
- in eine gefühlsbetonte Zeit
- zur Begegnung mit einem einfühlsamen Mann
- zu echter Hilfsbereitschaft und tiefem Mitgefühl
- zu intuitiver Gewißheit

Betonung bei Crowley: zu starken Auftriebsgefühlen

As der Schwerter

Dem Symbolwert der Zahl Eins entsprechend bedeuten Asse Chancen, die es zu entdecken und zu entfalten gilt. Im As der Schwerter liegt die Chance, etwas zu erkennen, zu verstehen, zu klären, eine wesentliche Entscheidung zu treffen oder auch Dinge zu trennen, die getrennt werden müssen. Im *Rider-Tarot* wird vor allem die Höhe der Erkenntnis hervorgehoben, zu der diese Karte führen kann. Auch die *Crowley-Karte* betont den Wissensdrang und den Willen, die höhere Wahrheit zu erkennen. Zugleich wird hier aber deutlich, daß es sicher nicht um reine »Gescheitheit« handelt, sondern um ein Suchen, das starke intuitive Unterstützung erfährt und zu Erkenntnissen führt, bei denen Geist und Seele übereinstimmen.

Platz 1: Ausgangssituation:
Sie haben jetzt die Chance,
- ganz klar zu sehen und Ihr Problem zu analysieren
- die Angelegenheit kritisch zu prüfen und zu klären
- zu klären, lösen oder zu trennen, was geklärt, gelöst oder getrennt werden muß
- eine klare Entscheidung herbeizuführen

Betonung bei Crowley: mit intuitiver Einsicht zur rechten Erkenntnis zu kommen

Platz 2: Jetzt geht es nicht darum:
- auf eine Erkenntnis oder Einsicht zu warten
- eine Chance zur Klärung zu suchen
- die Dinge zu analysieren oder eine Entscheidung zu treffen
- kühl, nüchtern und skeptisch zu sein

Betonung bei Crowley: auf intuitive Einsichten und Erkenntnisse zu hoffen

Platz 3: Statt dessen ist es jetzt wichtig:
- zu einer klaren Entscheidung zu kommen
- die »dicke Luft« zu vertreiben
- den »springenden Punkt« zu erkennen
- zu erkennen, was getrennt, gelöst oder geklärt werden muß
- den Verstand zu schärfen

Betonung bei Crowley: mit Intuition und Geist eine kluge Lösung zu finden

Platz 4: Ihr nächster Schritt führt Sie:
zu der Chance
- mit einem »Geistesblitz« Ihr Problem zu lösen
- eine kluge Entscheidung zu treffen
- eine kühle, klare Distanz einzunehmen
- sich Klarheit zu verschaffen

Betonung bei Crowley: zur Chance, eine Entscheidung zu treffen oder eine Erkenntnis zu haben, die für Geist und Seele stimmig ist

Zwei Schwerter
(Frieden)

Die Zwei ist Ausdruck der Polarität, die auf der Verstandesebene (Schwerter) in verschiedener Weise ihren Ausdruck finden kann: als wünschenswerte Alternative, als unbeliebter Gegenpol, als Gleichgewicht oder als Zweifel. Im *Rider-Tarot* steht vor allem der hartnäckige Zweifel im Vordergrund, weil hier der Weg zu Meer und Mond als Quellen starker, intuitiver Erkenntnis und Überzeugung versperrt ist. Dagegen hebt die Karte im *Crowley-Tarot* die Ausgewogenheit einer Erkenntnis hervor. Sie steht für ein gerechtes Urteil, einen wohlüberlegten Plan, die Beilegung von Konflikten oder auch für Neutralität.

Platz 1: Ausgangssituation:
Ihre Zweifel bereiten Ihnen Kopfschmerzen
Sie sind hin- und hergerissen und wissen nicht, was Sie tun sollen
Sie fühlen sich unfähig, eine eindeutige Haltung einzunehmen
Sie sind entscheidungsunfähig
Besonderheit bei Crowley:
Sie wollen Ihren Frieden haben
Sie suchen nach einer ausgewogenen, fairen Lösung

Platz 2: Jetzt geht es nicht darum:
- alles in Frage zu stellen
- sich den Kopf zu zerbrechen
- kritisch, kühl und berechnend zu sein
- an der Sache zu zweifeln
- die Augen vor einer Entscheidung zu verschließen

Besonderheit bei Crowley:
- sich neutral zu verhalten
- Frieden um jeden Preis zu wollen

Platz 3: Statt dessen ist es jetzt wichtig:
- die Angelegenheit kritisch zu betrachten
- Ihre Zweifel anzubringen
- die Dinge gründlich in Frage zu stellen

Besonderheit bei Crowley:
- den Konflikt zu vermeiden bzw. beizulegen
- sich die Sache gut zu überlegen

Platz 4: Ihr nächster Schritt führt Sie:
- in große Zweifel
- in eine Situation, in der Sie hin- und hergerissen sind
- in eine Phase, in der Sie versuchen, die Angelegenheit mit dem Kopf zu lösen

Besonderheit bei Crowley:
- zu einer friedlichen Lösung
- zu einem wohlüberlegten Plan

Drei Schwerter
(Kummer)

Die stabile Qualität der Drei bedeutet in der Schwertserie, daß der Verstand gegenüber den Gefühlen die Oberhand gewonnen hat. In der fragwürdigsten Form kann damit die Tyrannei des Verstandes gemeint sein. Die Karte kann jedoch ebenso auf schmerzhafte, aber dennoch sehr richtige Einsichten oder Entscheidungen hinweisen. Im *Rider-Tarot* kommt vor allem der schmerzhafte Aspekt einer unliebsamen Erkenntnis, einer harten Enttäuschung oder einer nüchternen, vielleicht auch klugen, in jedem Fall jedoch traurig stimmenden Entscheidung zum Ausdruck. Zu der gleichen Aussage führt die Karte im *Crowley-Tarot,* die den Aspekt von Kummer und Gram noch etwas mehr hervorhebt.

Platz 1: Ausgangssituation:

Sie haben eine schmerzvolle und kritische Erfahrung machen müssen

Sie haben Liebeskummer

Sie sind enttäuscht und tief verletzt worden

Sie haben eine sehr schmerzliche Entscheidung zu treffen

Platz 2: Jetzt geht es nicht darum:

- eine Entscheidung gegen das Gefühl zu treffen
- einen klugen Verzicht zu üben
- Kummer zu befürchten oder eine Enttäuschung zu erleben
- mit einer schmerzhaften Nachricht oder Einsicht zu rechnen
- den Verstand siegen zu lassen

Platz 3: Statt dessen ist es jetzt wichtig:

- einen schmerzhaften, jedoch notwendigen Schritt zu machen
- sich einer unbequemen Erkenntnis zu öffnen
- mit einer Enttäuschung zu rechnen
- Kummer nicht aus dem Weg zu gehen
- eine kluge, wenn auch schwere Entscheidung zu treffen

Platz 4: Ihr nächster Schritt führt Sie:

- zu einer ernüchternden, aber notwendigen Entscheidung
- in eine Enttäuschung
- in einen Konflikt zwischen Herz und Verstand
- zu schmerzhaften, aber wichtigen Einsichten

Vier Schwerter
(Waffenruhe)

Die Idee der Verfestigung der Zahl Vier heißt bei den Schwertern Stillstand, Zwangspause, Ruhig-gestellt-Werden oder einfach, daß etwas »auf Eis« gelegt wird. Im *Rider-Tarot* findet dies seinen Ausdruck in einer recht kühlen, gruftigen Atmosphäre. Hier steht die Karte für völlige Ermattung etwa durch Krankheit oder besagt, daß der Frager einfach an einem Nullpunkt angekommen ist. Da sich jetzt im Äußeren ohnehin nichts erreichen läßt, scheint es geboten, diese Phase zu inneren Sammlung zu nutzen. Hier liegt auch das Schwergewicht dieser Karte im *Crowley-Tarot*. Solange die Waffen schweigen, geht im Äußeren nichts voran. Die Zeit kann und soll aber genutzt werden, um Frieden zu finden oder – falls dies (noch) nicht möglich ist – die eigenen Kräfte zu sammeln, sich zu schonen, die Wunden zu lecken und Vorbereitungen zu treffen, bevor der nächste Sturm losbricht.

Platz 1: Ausgangssituation:
Ihre Kräfte sind erschöpft, und Sie fühlen sich wie gelähmt
Sie spüren, daß Sie in einer Sackgasse stecken
Sie sind krank, und man hat Sie ruhig gestellt
Die Entwicklung ist an einem toten Punkt angekommen
Sie sind matt und erschlagen
Betonung bei Crowley: Nach langen und/oder heftigen Auseinandersetzungen sind Sie nun matt und lassen die Waffen schweigen

Platz 2: Jetzt geht es nicht darum:
- eine Pause einzulegen oder sich tot zu stellen
- sich ohnmächtig, hilflos oder ausgeliefert zu fühlen
- die Angelegenheit auf die lange Bank zu schieben
- Ihr Vorhaben oder Ihre Gefühle auf Eis zu legen

Betonung bei Crowley: einen (voreiligen) Waffenstillstand zu vereinbaren.

Platz 3: Statt dessen ist es jetzt wichtig:
- die eigene Ohnmacht einzusehen
- sich zu schonen und wieder zu Kräften zu kommen
- sich ruhig zu verhalten und zu meditieren
- die Angelegenheit erst mal auf Eis zu legen
- mit einer Zwangspause zu rechnen

Betonung bei Crowley:
- daß Sie Ihren Streit – zumindest vorerst einmal – begraben
- daß Sie sich von äußeren Kämpfen zurückziehen und wieder zu innerer Sammlung und Ruhe finden

Platz 4: Ihr nächster Schritt führt Sie:
- in eine Situation, in der Sie nichts tun können
- in eine Phase, in der Sie sich matt, ohnmächtig oder krank fühlen
- zu großen Verzögerungen oder einer Zwangspause

Betonung bei Crowley:
- zu einem Waffenstillstand
- in eine Ruhephase, in der Sie Wichtiges vorbereiten können

Fünf Schwerter
(Niederlage)

Der herausfordernde und krisenhafte Charakter der Zahl Fünf macht diese Schwertkarte zu der vermutlich unangenehmsten aller Tarotkarten. Sie steht für Gemeinheit, Demütigung, Niedertracht, Niederlage oder Verrat und zeigt das Scheitern unter widerwärtigsten Umständen an. Es ist, als hafte ein Fluch auf dem Fragethema. Aus der Karte allein läßt sich aber nicht mit Bestimmtheit ableiten, ob der Fragende Täter oder Opfer ist. Im *Rider-Tarot* besagt die Fünf Schwerter, daß sich auch der vermeintliche Sieger seines Sieges nicht lange erfreuen wird, weil er mit unrechten Mitteln und unverhältnismäßig hohen Kosten errungen wurde. Wohingegen die Karte im *Crowley-Tarot* betont, daß der Krieg und diese Demütigung als unvermeidliche Folge einer zu friedlichen und viel zu konfliktvermeidenden Lebenseinstellung zu verstehen ist.

Platz 1: Ausgangssituation:
Sie sind in eine Falle geraten
Sie sind eiskalt und wollen Krieg
Sie sehen, was Sie angerichtet haben
Sie müssen eine demütigende Niederlage befürchten
Sie sind mit Herzlosigkeit, Haß und Gemeinheiten konfrontiert
Sie fühlen sich verraten und verkauft
Betonung bei Crowley: Der Konflikt ist unvermeidbar geworden

Platz 2: Jetzt geht es nicht darum:
- eine Niederlage oder Gemeinheiten zu befürchten
- eiskalt auf Rache zu sinnen
- sich zu blinder Zerstörungswut hinreißen zu lassen

Betonung bei Crowley: einen Streit zu provozieren oder eine Demütigung zu befürchten

Platz 3: Statt dessen ist es jetzt wichtig:
- sich Luft zu machen
- sich eiskalt oder sogar gemein zu zeigen
- mit Heimtücke, Gemeinheiten oder dem Scheitern zu rechnen
- um jeden Preis zu kämpfen
- sich »warm anzuziehen« und sich mit allen Mitteln so gut es geht durchzuschlagen

Betonung bei Crowley: den Krieg nicht länger zu vermeiden

Platz 4: Ihr nächster Schritt führt Sie:
- zu einem Scherbenhaufen
- in eine schmerzhafte Erfahrung
- zum Scheitern Ihres Vorhabens
- in eine wirklich gemeine Situation oder Falle
- in eine widerwärtige Auseinandersetzung
- in eine demütigende Niederlage

Betonung bei Crowley: in eine längst überfällige, unangenehme Auseinandersetzung

Sechs Schwerter
(Wissenschaft)

Die Idee der Sechs als Zahl der Vereinigung und der Hilfe zeigt sich bei den Schwertern als Aufbruch zu neuen Ufern. Im *Rider-Tarot* liegt die Betonung auf der äußeren Veränderung, dem vorsichtigen Zusteuern auf unbekanntes Gebiet. Damit kann eine berufliche Veränderung ebenso angezeigt sein wie ein Wohnortswechsel oder das vorsichtige Einlassen auf eine neue Partnerschaft. Dabei kann die Karte auch ein Hinweis darauf sein, daß der Fragende auf professionelle Hilfe bei diesem Schritt ins Unbekannte vertrauen darf. Im *Crowley-Tarot* liegt die Hauptbedeutung der Karte mehr auf der (wissenschaftlichen) Neugier, die den Forschergeist zu neuen Unternehmungen und zur Erkundung unbekannter Gebiete anspornt.

Platz 1: Ausgangssituation:
Sie haben Ihre gewohnte Umgebung verlassen
Sie haben Lampenfieber
Sie steuern zögernd auf Unbekanntes zu
Mit alten Ängsten begeben Sie sich zu neuen Ufern
Betonung bei Crowley: Sie sind auf der Suche nach neuen Horizonten

Platz 2: Jetzt geht es nicht darum:
- sich langsam abzusetzen oder sich vertreiben zu lassen
- zu zaudern oder zu zögern
- sich auf ein neues Gebiet vorzuwagen
- sich auf Ungewohntes einzulassen

Betonung bei Crowley: neugierig herumzuexperimentieren

Platz 3: Statt dessen ist es jetzt wichtig:
- auf neue Ufer zuzusteuern
- sich neu zu orientieren, auch wenn es schwerfällt
- überholte Standpunkte aufzugeben
- sich trotz aller Ängste einzulassen

Betonung bei Crowley: Forschergeist zu entwickeln und Neues auszuprobieren

Platz 4: Ihr nächster Schritt führt Sie:
- ganz vorsichtig zu neuen Ufern
- zu einem Aufbruch mit weichen Knien
- zu einem zögernden Einlassen auf das Neue
- in eine Situation, in der Sie Lampenfieber bekommen

Betonung bei Crowley: zu Experimentierfreude und auf die Suche nach neuen Erkenntnissen

Sieben Schwerter
(Vergeblichkeit)

Die Gefahr, die sich mit der Zahl Sieben verbindet, zeigt sich bei den Schwertern als Einsatz der Verstandeskräfte in fragwürdiger Weise als Arglist, Lüge, Intrige, Mogelei oder Betrug. Im *Rider-Tarot* stehen List und Unaufrichtigkeit im Vordergrund, was im übertragenen Sinne auch die mangelnde Bereitschaft bedeuten kann, sich über ein Thema wirklich offen und ehrlich auseinanderzusetzen. Die *Crowley-Karte* warnt zudem davor, daß der Fragende sich an dieser Stelle selbst etwas vormacht. Sie steht für den vergeblichen Versuch, sich aus Feigheit selbst zu belügen, aber auch für eine aussichtslose Rebellion (Zwergenaufstand).

Platz 1: Ausgangssituation:
Sie haben sich bis jetzt vor der Sache gedrückt
Sie wollen die Dinge so nicht wahrhaben
Sie haben die Auseinandersetzung gescheut
Sie sind auf einen »Klugschwätzer« hereingefallen
Sie haben sich in die eigene Tasche gelogen
Betonung bei Crowley: Sie machen sich (und anderen) etwas vor

Platz 2: Jetzt geht es nicht darum:
- den Weg des geringsten Widerstandes zu gehen
- unaufrichtig, listig, trickreich oder raffiniert zu sein
- einer Auseinandersetzung aus dem Weg zu gehen
- sich heimlich und feige aus dem Staub zu machen
- Täuschung und Unaufrichtigkeit zu befürchten

Betonung bei Crowley:
- nur eine Scheinlösung zu suchen
- sich und andere hinters Licht zu führen

Platz 3: Statt dessen ist es jetzt wichtig:
- sich aus der Affäre zu ziehen
- sich zu drücken, heraus- oder durchzumogeln
- Ihre wahren Absichten zu verheimlichen und zu bluffen
- zu zeigen, daß Sie mit allen Wassern gewaschen sind
- List und Tücke zu beweisen
- mit Unehrlichkeit zu rechnen

Betonung bei Crowley: einzusehen, daß Ihr Vorhaben vergeblich ist

Platz 4: Ihr nächster Schritt führt Sie:
- in ein verlogenes, betrügerisches Umfeld
- in eine Täuschung oder Intrige
- zu Mogelei, Unaufrichtigkeit und Drückebergerei

Betonung bei Crowley:
- zu einem aussichtslosen Versuch
- in Gefahr, sich selbst zu belügen

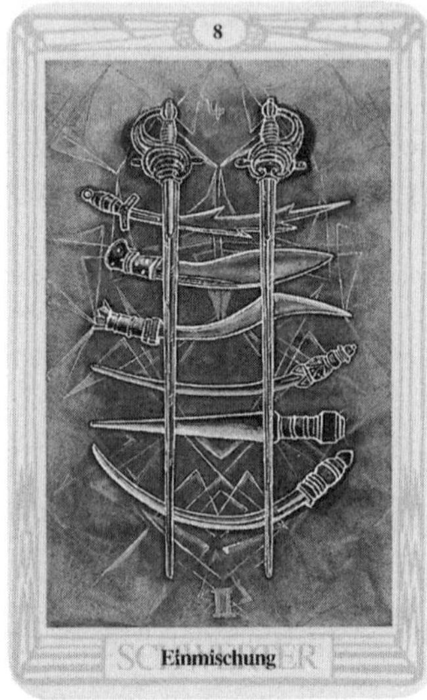

Acht Schwerter
(Einmischung)

Die Qualität der Acht als Zahl der Veränderung, der Wandlung und des Neubeginns zeigt sich bei den Schwertern als ein Engpaß, als ein mühsamer Prozeß, der von inneren Hemmungen oder äußeren Verboten erschwert wird. Im *Rider-Tarot* steht die Karte für die überlegene Macht des Verstandes mit der unliebsame störende Kräfte letztlich unter Kontrolle gebracht werden sollen. Sie zeigt diese Disziplinierung in einer fragwürdigen Form, bei der es sich um nachhaltige Unterdrückung einer an sich lebenswichtigen Seite handelt. Sie kann hier aber auch bedeuten, daß wir uns zusammenreißen und vorübergehend auf etwas Wesentliches verzichten, um ein wichtiges Ziel zu erreichen. Dagegen liegt in der *Crowley-Karte* der Akzent mehr auf der sich durchsetzenden Verstandeskraft, die sich von Störfaktoren – wie innerer Zerstreuung oder äußerer Hemmnisse – zwar bremsen, jedoch nicht aufhalten läßt.

Platz 1: Ausgangssituation:
Sie sind befangen, schüchtern und fühlen sich unfrei
Sie wissen, daß ein wichtiger Teil in Ihnen nicht lebendig ist
Sie fühlen sich in Ihrer Bewegungsfreiheit eingeschränkt
Sie sind gehemmt und wissen nicht, wie Sie sich aus diesem Zustand befreien können
Besonderheit bei Crowley: Sie sind sich über Ihr Vorhaben klargeworden und lassen sich nicht länger beirren

Platz 2: Jetzt geht es nicht darum:
- sich zusammenzureißen und etwas zu unterdrücken
- sich nicht zu trauen
- sich etwas verbieten zu lassen
- sich fest »im Griff« zu haben
- mit einem Engpaß zu rechnen

Besonderheit bei Crowley: störende Faktoren zu beseitigen

Platz 3: Statt dessen ist es jetzt wichtig:
- sich zusammenzureißen, um ein Ziel zu erreichen
- Verzicht und Einschränkung auf sich zu nehmen
- sich auf eine Durststrecke einzustellen
- mit Hemmungen und Verboten zu rechnen

Besonderheit bei Crowley: innere und äußere Hemmungen und Störfaktoren zu überwinden und zu einer klaren Haltung zu gelangen

Platz 4: Ihr nächster Schritt führt Sie:
- in eine Situation, in der Sie sich heftig zusammenreißen oder auch verzichten müssen
- zu einer Durststrecke voller Beschränkungen
- in eine Phase von Hemmungen und Verboten

Besonderheit bei Crowley: zu einer klaren Sicht der Dinge und zu Überwindung störender Faktoren

Neun Schwerter
(Grausamkeit)

Die Qualität der inneren Sammlung, die sich mit der Zahl Neun verbindet, führt bei den Schwertern zu Ängsten, Sorgen, Bedrückung und schlaflosen Nächten. Im *Rider-Tarot* steht vor allem die quälende Angst und der Alptraum, aber auch Schuldgefühle, Selbstvorwürfe und Reue im Vordergrund. Darüber hinaus kann die Karte im *Crowley-Tarot* bedeuten, daß sich der Frager so sehr in seinen Ängsten verfangen hat, daß er panisch reagiert und nur noch schwerlich wieder zur Vernunft zu bringen ist.

Platz 1: Ausgangssituation:
Sie sind von tiefer Sorge gequält oder werden von Alpträumen geplagt
Sie bereuen, was Sie getan haben
Sie haben schlaflose Nächte
Sie fühlen die Last und haben Angst zu versagen
Betonung bei Crowley: Sie haben Angst vor der Angst

Platz 2: Jetzt geht es nicht darum:
- mit Angst oder schlaflosen Nächten zu rechnen
- sich mit Angst und schlechtem Gewissen zu plagen
- etwas zu bereuen
- sich mit Selbstzweifeln zu quälen
- sich Alpträumen zu überlassen

Betonung bei Crowley: panisch zu reagieren und sich in eigene Ängste zu verstricken

Platz 3: Statt dessen ist es jetzt wichtig:
- den Weg der Angst zu gehen
- zu den eigenen Ängsten zu stehen
- reumütig zu werden
- mit Alpträumen zu rechnen

Betonung bei Crowley: mit großen Ängsten zu rechnen

Platz 4: Ihr nächster Schritt führt Sie:
- zu Ihren Ängsten
- in eine Phase, in der Sie sich fürchten
- in eine schlaflose Nacht
- in einen Alptraum

Betonung bei Crowley: in eine Situation, in der Sie panisch reagieren könnten

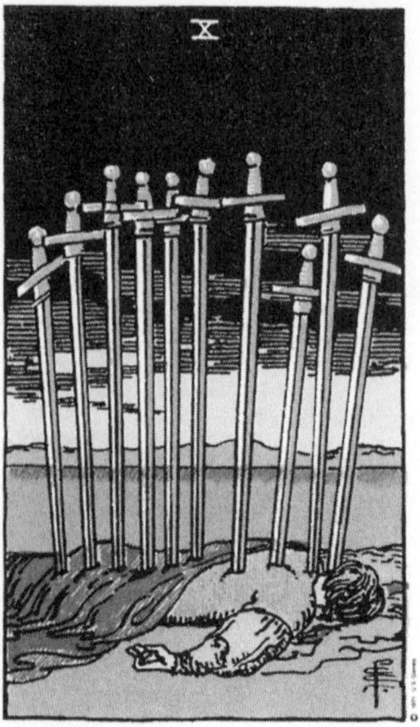

Zehn Schwerter

(Untergang)

Die Zehn als Zahl der Fülle steht hier bei der höchsten Karte der Schwertserie für das willkürliche Ende, den jähen Schlußstrich, den trennenden Schnitt, der vom Verstand mit gnadenloser Konsequenz herbeigeführt wird. Im *Rider-Tarot* wird der schmerzhafte, grausame Aspekt dieser Erfahrung hervorgehoben. Die Karte gibt zu bedenken, daß es sich hierbei in jedem Fall um ein vorzeitiges Ende, um einen Willkürakt handelt, der sicherlich nur dort berechtigt ist, wo es sich um den Schlußstrich unter fragwürdige Lebensgewohnheiten, seelische Verstrickungen und ähnliches handelt. In diesen Fällen entspricht sie einem chirurgischen Eingriff, der auch schmerzhaft, aber lebensnotwendig ist. Im *Crowley-Tarot* hat die Karte die gleiche Bedeutung.

Platz 1: Ausgangssituation:
Sie haben die Sache willkürlich beendet
Sie haben einen Schlußstrich gezogen
Sie können die Situation nicht mehr aushalten und wollen sie vorzeitig beenden
Sie haben Ihre Gefühle abgetötet

Platz 2: Jetzt geht es nicht darum:
- »Schluß zu machen«
- zu kündigen
- vorzeitig abzubrechen
- sich gewaltsam zu befreien
- etwas willkürlich zu beenden
- mit dem vorzeitigen Abbruch zu rechnen

Platz 3: Statt dessen ist es jetzt wichtig:
- »Tabula rasa« zu machen
- auf keinen Fall so weiterzumachen wie bisher
- sofort und mit aller Kraft aufzuhören
- einen Schlußstrich unter die Sache zu ziehen
- konsequent mit der Vergangenheit zu brechen

Platz 4: Ihr nächster Schritt führt Sie:
- zu einem willkürlichen Ende
- zu einem schmerzhaften Einschnitt in Ihrem Leben
- zum trennenden Schnitt
- zu einem Schlußstrich unter die Vergangenheit

Bube der Schwerter · Prinzessin der Schwerter

Buben stehen für Chancen, die sich dem Frager von außen bieten. Dabei wird die Chance, die der Bube der Schwerter bringt, weniger geschätzt. Zwar liegt in ihr die Möglichkeit durch Kritik und Auseinandersetzung zu einer Klärung zu gelangen, häufiger aber wird sie als Bedrohung erlebt, oder als der Beginn eines Streites oder einer unangenehmen Auseinandersetzung. Das ist zumindest die Bedeutung im *Rider-Tarot,* die von der Prinzessin der Schwerter im *Crowley-Tarot* noch um den Aspekt der Rebellion erweitert wird.

Platz 1: Ausgangssituation:
Ihnen weht ein kalter Wind ins Gesicht
Sie werden mit Anfeindungen konfrontiert
Sie werden kritisiert
Sie stehen in einem Streit
Betonung bei Crowley: Sie stehen vor einer Rebellion

Platz 2: Jetzt geht es nicht darum:
- sich mit Rivalitäten und Anfeindungen auseinanderzusetzen
- einen Streit zu befürchten
- mit Kritik zu rechnen

Betonung bei Crowley: eine Revolte zu befürchten

Platz 3: Statt dessen ist es jetzt wichtig:
- sich einer Auseinandersetzung zu stellen
- sich der Kritik zu öffnen
- die Dinge zur Diskussion zu stellen und zu klären
- mit Konflikten und Angriffen zu rechnen

Betonung bei Crowley: mit Aufruhr zu rechnen

Platz 4: Ihr nächster Schritt führt Sie:
- in eine Situation, in der Sie angegriffen werden
- in einen Streit, der jedoch zu wichtigen Einsichten führen kann
- in heftige Kritik

Betonung bei Crowley: in einen Aufstand

Ritter der Schwerter · Prinz der Schwerter

Ritter stehen für eine Stimmung, für eine Atmosphäre, in der etwas geschieht. Dabei verkörpert der Ritter der Schwerter den eiskalten Nordwind, der Frost mit sich bringt und das Klima von eiskalten Auseinandersetzungen bereitet. So steht diese Karte im *Rider-Tarot* für Streit und scharfe Auseinandersetzungen, sie kann aber auch die durchaus unangenehme Atmosphäre eines Kritikgesprächs bedeuten, das letztendlich manch wichtige Einsicht und Erkenntnis hervorbringt. Im *Crowley-Tarot* macht der Prinz der Schwerter die gleiche Aussage, betont aber dabei den Aspekt großer Schlagfertigkeit in einer verbalen Auseinandersetzung.

Platz 1: Ausgangssituation:
Die klirrende Kälte macht Ihnen zu schaffen
Sie sind zynisch und aggressiv geworden
Sie sind in einer Phase, in der Sie sich scharf auseinandersetzen müssen
Sie kritisieren oder werden kritisiert
Betonung bei Crowley: Sie beweisen gerade Ihre Schlagfertigkeit

Platz 2: Jetzt geht es nicht darum:
- eiskalt zu taktieren und berechnend zu werden
- voller Haß auf Rache zu sinnen
- Frost und Kälte zu befürchten
- verkopft oder rechthaberisch zu sein

Betonung bei Crowley: sich schlagfertig auseinanderzusetzen

Platz 3: Statt dessen ist es jetzt wichtig:
- kritisch, argwöhnisch und auch eiskalt vorzugehen
- mit einer frostigen Atmosphäre zu rechnen
- kühl auf Distanz zu gehen
- den Konflikt nicht zu vermeiden
- zu kritisieren und sich der Kritik zu stellen
- den Konflikt nicht zu vermeiden und die Zähne zu zeigen

Betonung bei Crowley: hellwach und scharfzüngig zu argumentieren

Platz 4: Ihr nächster Schritt führt Sie:
- in einen Streitphase
- in ein frostiges Umfeld mit eiskaltem Gegenwind
- eine Auseinandersetzung mit heftiger Kritik

Betonung bei Crowley: in einen Konflikt, in dem Sie schlagfertig Ihre Interessen vertreten

Königin der Schwerter

In aller Regel stellt eine Königin eine Frau dar, in Ausnahmefällen aber auch einen Mann. Ob mit dieser Karte der Fragende selbst oder aber eine andere Person gemeint ist, hängt sowohl von der Fragestellung ab wie auch von dem Platz, auf dem die Karte innerhalb einer Kartenlegung erscheint.

Die Königin der Schwerter steht für eine Person, die die weibliche Seite des Luftelements verkörpert. Das bedeutet, daß sie klug, kühl und distanziert ist, einen klaren, analytischen Verstand hat und offen ist für logische Argumente, kritische Betrachtungen und intelligente Lösungen. Im *Rider-Tarot* betont diese Karte das Streben nach hoher, eindeutiger Erkenntnis und zeigt eine Person (Frau), die sich kraft ihres Verstandes aus Abhängigkeiten befreit hat. Dieser Unabhängigkeitsaspekt findet sich in einer aggressiveren Form auch in der *Crowley-Karte,* die die Konfliktbereitschaft und die Verstandesschärfe besonders hervorhebt.

Platz 1: Ausgangssituation:
Sie sind kalt und abweisend aufgetreten
Sie haben sich kühl und distanziert gezeigt
Sie betrachten die Sache eher kritisch und abwartend
Sie haben sich aus einer Abhängigkeit befreit
Betonung bei Crowley: Sie zeigen sich clever und konfliktbereit

Platz 2: Jetzt geht es nicht darum:
- Ihre Gefühle zu unterdrücken und die kalte Schulter zu zeigen
- kritisch und distanziert aufzutreten
- sich einer klugen Frau anzuvertrauen
- auf Distanz zu gehen

Betonung bei Crowley: Ihren scharfen Verstand unter Beweis zu stellen

Platz 3: Statt dessen ist es jetzt wichtig:
- klug und geschickt zu reagieren
- hellwach zu sein, um das Wichtige wahrzunehmen
- Ihre klare, unabhängige Meinung zu vertreten
- Ihren Weg alleine zu gehen
- Ihre Unabhängigkeit zu erlangen oder zu bewahren
- auf den Rat einer klugen Frau zu hören

Betonung bei Crowley: messerscharf und konfliktbereit zu argumentieren

Platz 4: Ihr nächster Schritt führt Sie:
- zu (neuer) Freiheit und Unabhängigkeit
- zur Begegnung mit einer klugen Frau
- zu einem eindeutigen, unabhängigen Urteil
- zu einer klaren, kühlen, distanzierten Haltung

Betonung bei Crowley: zu einer glasklaren Einsicht und/oder reservierten Haltung

König der Schwerter · Ritter der Schwerter

In aller Regel stellt ein König einen Mann dar, in Ausnahmefällen aber auch eine Frau. Ob mit dieser Karte der Fragende selbst oder aber eine andere Person gemeine ist, hängt sowohl von der Fragestellung ab wie auch von dem Platz, auf dem die Karte innerhalb einer Kartenlegung erscheint.

Der König der Schwerter zeigt eine Person, die die männliche Seite des Luftelements verkörpert. Dies verweist auf einen klugen Kopf, der die Gabe hat, mit seinem klaren, analytischen Verstand vor allem anderen bei der Lösung ihrer Probleme zu helfen. So zeigt die Karte oft den professionellen Berater, den Therapeuten, Arzt, Anwalt oder Makler, aber natürlich auch ganz einfach einen hellwachen Menschen mit vielen guten Ideen, der von seiner Mentalität her aber eher kühl und distanziert bleibt. Im *Rider-Tarot* kommt zusätzlich der Aspekt des Zweiflers zum Ausdruck, der diesen Menschen oft als einen ungläubigen Thomas erscheinen läßt. Sie betont aber auch seine Versiertheit, mit messerscharfem Verstand zu klaren Erkenntnissen zu kommen und rhetorisch geschickt zu argumentieren. Die Gedankenschärfe ist auch das Merkmal beim Ritter der Schwerter im *Crowley-Tarot*. Hier aber besagt die Karte, daß der von ihr beschriebene Mensch bei aller Verstandeskraft nicht die Nähe zu seinen Gefühlen verloren hat.

Platz 1: Ausgangssituation:
Sie haben sich an einen fachkundigen Berater gewandt
Sie haben sich kühl und distanziert verhalten
Sie haben die Angelegenheit kritisch geprüft
Sie haben sich versiert und clever gezeigt
Betonung bei Crowley: Bei aller Cleverness sind Sie Ihren Gefühlen nahe geblieben

Platz 2: Jetzt geht es nicht darum:
- geschickt zu argumentieren oder taktisch klug zu handeln
- geistreich und unterhaltsam zu sein
- clever, cool oder gerissen aufzutreten
- hart zu sein oder sich zu distanzieren
- sich an einen klugen Mann zu wenden

Betonung bei Crowley: Ihren Scharfsinn zu beweisen

Platz 3: Statt dessen ist es jetzt wichtig:
- den Rat eines klugen Mannes oder seine Hilfe anzunehmen
- einen Fachmann oder Vermittler einzuschalten
- einen kühlen Kopf zu behalten
- sich nüchtern, aber clever zu verhalten
- pfiffig und versiert aufzutreten
- die Dinge aus der Distanz zu betrachten

Betonung bei Crowley: Gefühl und Verstand gemeinsam auszudrücken oder einzusetzen

Platz 4: Ihr nächster Schritt führt Sie:
- zu einer kühlen, distanzierten Haltung
- zu einer scharfsinnigen oder scharfzüngigen Vorgehensweise
- zu einem Menschen, der etwas von der Sache versteht und Ihnen einen guten Ratschlag geben kann

Betonung bei Crowley: zu einer klugen Verbindung von Gefühl und Verstand

As der Münzen · As der Scheiben

Der Zahl Eins entsprechend weisen Asse auf Chancen hin, die es zu entdecken und wahrzunehmen gilt. Das As der Münzen steht dabei für die Chance, solide Ergebnisse und bleibende Werte zu erlangen. Diese Karte beinhaltet neben dem Kelch As die größte Glückschance innerhalb der Karten der Kleinen Arkana. Dabei steht hier das Greifbare und Dauerhafte im Vordergrund. Der *Rider-Tarot* macht deutlich, daß es sich dabei um inneren wie äußeren Reichtum handeln kann, während das As der Scheiben im *Crowley-Tarot* neben Macht und Geld auch den Aspekt der Sinnlichkeit hervorhebt, der mit dieser Karte verbunden ist.

Platz 1: Ausgangssituation:
Sie haben jetzt die Chance,
- zu guten, greifbaren Ergebnissen zu kommen
- Ihr Glück zu machen
- inneren und äußeren Reichtum zu finden
- etwas Handfestes zu erreichen
- glücklich zu werden

Platz 2: Jetzt geht es nicht darum:
- auf Glück und Erfolg zu setzen
- reich werden zu können
- finanzielle Chancen zu nutzen
- Möglichkeiten zu finden, die zu soliden Ergebnissen führen

Platz 3: Statt dessen ist es jetzt wichtig:
- Ihre guten Chancen zu erkennen und zu nutzen
- auf neue Möglichkeiten zu setzen, die zu wertvollen Ergebnissen führen
- die finanziellen Chancen vor Augen zu haben und Stabilität zu erreichen
- sein Glück zu machen
- neue Chancen zu nutzen, etwas Dauerhaftes zu erreichen

Platz 4: Ihr nächster Schritt führt Sie:
zu einer guten Chance,
- etwas Bleibendes zu beginnen
- zu Wohlstand und Sicherheit zu gelangen
- Ihren inneren Reichtum zu entdecken und zu entfalten
- Ihr Glück zu machen

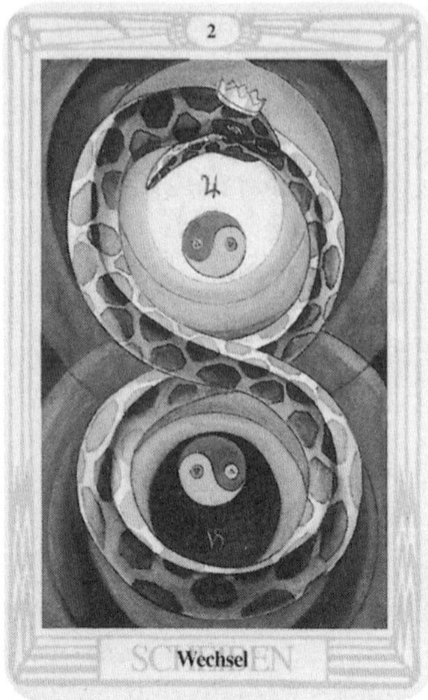

Zwei Münzen · Zwei Scheiben
(Wechsel)

Im Bereich der Münzen kommt die Polarität der Zahl Zwei im Wechselspiel der Kräfte zum Ausdruck. Die Karte steht für Flexibilität und Abwechslung, aber auch für den steten Austausch der Kräfte, wie er etwa im gleichbleibenden Wechsel zwischen Tag und Nacht, Ebbe und Flut oder im Wechsel der Jahreszeiten liegt. Im *Rider-Tarot* liegt der Akzent auf der Leichtigkeit, dem spielerischen Umgang mit verschiedenen Möglichkeiten und in der Anpassungsfähigkeit an das Auf und Ab im Leben. Die Karte kann allerdings auch den Wankelmut des unzuverlässigen Standpunktwechslers darstellen. Dagegen liegt die Betonung im *Crowley-Tarot* mehr auf der Ausgewogenheit, die im steten Fließen zwischen zwei Spannungspolen liegt, die – ewig miteinander verbunden – sich in stetem wechselseitigen Austausch befinden. Die Karte ist Ausdruck von natürlichen und wesentlichen Veränderungen, aber auch einfach von Abwechslung.

Platz 1: Ausgangssituation:
Sie haben die Sache hin und her gedreht und schwanken noch
Sie haben mit den Möglichkeiten gespielt
Sie sind flexibel
Betonung bei Crowley: Sie haben für Abwechslung gesorgt

Platz 2: Jetzt geht es nicht darum:
- die Dinge locker zu sehen und auf die leichte Schulter zu nehmen
- sich wie ein Hampelmann zu benehmen
- »die Fahne nach dem Wind zu drehen«
- sich wankelmütig zu zeigen

Betonung bei Crowley: Abwechslung zu suchen oder einen Wandel herbeizuführen

Platz 3: Statt dessen ist es jetzt wichtig:
- die Angelegenheit nicht so ernst zu nehmen
- eine spielerische Einstellung zu gewinnen
- locker und unbekümmert aufzutreten
- flexibel und anpassungsfähig zu sein

Betonung bei Crowley: offen für Wechsel und Veränderung zu sein
- den ewigen Wandel des Lebens zu erkennen

Platz 4: Ihr nächster Schritt führt Sie:
- in eine unbeschwerte, sorglose Zeit
- zu einer lockereren Einstellung
- zu einer spielerischen Unentschiedenheit
- zu mehr Flexibilität, vielleicht aber auch zu Wankelmut

Betonung bei Crowley: zu mehr Abwechslung oder einer größeren Veränderung

Drei Münzen · Drei Scheiben
(Arbeit)

Die stabile Qualität der Zahl Drei steht in der Serie der Münzen für eine Phase, in der Erreichtes abgesichert und Neues ausgebaut werden kann. Im *Rider-Tarot* wird diese Thematik durch »das Gesellenstück« zum Ausdruck gebracht: In einer Abtei legt ein angehender Steinmetzgeselle unter den Augen von Abt und Äbtissin seine Gesellenprüfung ab. Damit beendet er seine Lehrjahre und kann sich nun neuen und wichtigeren Aufgaben zuwenden. So liegt der Schwerpunkt der Aussage im *Rider-Tarot* im erfolgreichen Abschluß einer Phase, dem Bestehen einer Prüfung, der Beförderung und im Betreten einer höheren Ebene. Dagegen liegt der Akzent der Karte im *Crowley-Tarot* mehr auf der Konsolidierung und der Stabilisierung eines (durch Fleiß) erreichten Zustands.

Platz 1: Ausgangssituation:
Sie haben eine Prüfung bestanden oder sind befördert worden
Sie haben eine alte Ebene oder Haltung überwunden und betreten jetzt eine höhere Ebene
Sie haben einen entscheidenden spirituellen Schritt getan
Sie haben bewiesen, was Sie können
Betonung bei Crowley: Sie haben eine stabile Ebene erreicht und das Erreichte gefestigt

Platz 2: Jetzt geht es nicht darum:
- es (noch) besser machen zu wollen
- sich einer Prüfung zu stellen, eine Beförderung anzustreben
- Altes zu überwinden, um auf höherem Niveau weiterzumachen
- nach tieferer spiritueller Erkenntnis zu suchen

Betonung bei Crowley: weiterzuarbeiten und sich um Stabilität zu bemühen

Platz 3: Statt dessen ist es jetzt wichtig:
- sich einer Prüfung zu stellen und sie zu bestehen
- die bisherige Phase abzuschließen und auf höherem Niveau weiterzumachen
- sich oder das Vorhaben zu prüfen
- Ihre Fähigkeiten unter Beweis zu stellen
- den entscheidenden Schritt zu tieferer Einsicht zu wagen

Betonung bei Crowley: hart zu arbeiten und Erreichtes zu halten

Platz 4: Ihr nächster Schritt führt Sie:
- in eine Prüfung, die sie bestehen können
- zu der Möglichkeit, das Alte zu überwinden
- zu einem Neuanfang auf höherem Niveau
- an die Schwelle zur Einweihung
- zum Abschluß einer Entwicklungsphase

Betonung bei Crowley:
- in eine stabile Phase und zur Konsolidierung des Erreichten
- zu einem mit Fleiß errungenem Ergebnis oder Abschluß

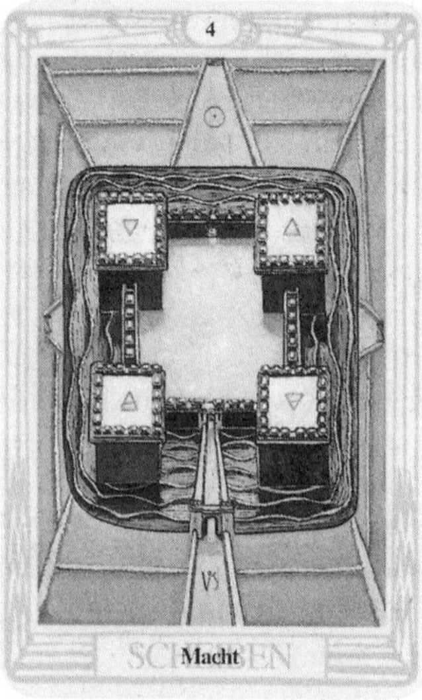

Vier Münzen · Vier Scheiben
(Macht)

Der feste bis starre Charakter der Zahl Vier kommt bei den Münzen als ein sehr hohen Maß an Stabilität, Sicherheit und Struktur zum Ausdruck. Diese Karte besagt, daß wir etwas fest besitzen und es womöglich mit Mauern umgeben, um es zu schützen. Dabei ist die Warnung, die in dieser Karte im *Rider-Tarot* liegt, unübersehbar. Das Festhalten und Klammern hat hier bedenkliche Züge angenommen und führt bereits zur Unbeweglichkeit. Insofern taucht diese Karte nur selten als Aufforderung, sondern mehr als Mahnung auf. Im *Crowley-Tarot* liegt der Akzent dagegen stärker auf der Absicherung des Erreichten und dem Ausbau einer spürbaren Machtstruktur, wie es etwa durch das Bild einer mittelalterlichen Festung ausgedrückt wird.

Platz 1: Ausgangssituation:
Sie drehen sich im Kreis
Sie klammern sich an die gegenwärtige Situation
Sie haben eine starre Haltung eingenommen
Sie haben sich (durch Ihr Sicherheitsstreben) festgefahren
Sie sind zu besitzergreifend
Besonderheit bei Crowley: Sie haben für Stabilität und Ordnung gesorgt

Platz 2: Jetzt geht es nicht darum:
- geizig zu sein
- auf »Nummer Sicher« zu gehen
- zu enge Grenzen zu setzen
- im vertrauten Elend auszuharren
- sich in eine fixe Idee zu verrennen

Besonderheit bei Crowley: für Konsequenz, Klarheit und Struktur zu sorgen / Macht zu beweisen oder auszubauen

Platz 3: Statt dessen ist es jetzt wichtig:
- ganz sicher zu gehen und alle Risiken auszuschließen
- nicht locker zu lassen
- klare Abmachungen zu treffen
- Ihre Position oder Ihren Besitz abzusichern
- an Ihrem Vorhaben festzuhalten

Besonderheit bei Crowley: Ordnung zu schaffen und seine Machtposition zu stabilisieren

Platz 4: Ihr nächster Schritt führt Sie:
- dazu, am Erreichten (zu sehr) festzuhalten
- zur (übertriebenen) Absicherung Ihrer Position
- in eine stabile Lebensphase
- zu der Gefahr, daß Sie sich im Kreise drehen, weil Sie nicht loslassen können

Besonderheit bei Crowley: in klare, geordnete Verhältnisse / in eine machtvolle Position

Fünf Münzen · Fünf Scheiben

(Quälerei)

Der herausfordernde Charakter der Zahl Fünf zeigt sich im Bereich der Münzen als Krise, Not, Unsicherheit, Entbehrung und Sorge. Im *Rider-Tarot* liegt die Betonung auf dem brüchigen Boden, den der Fragende betritt, auf dem Gefühl innerer oder äußerer Armut und ganz allgemein auf Mangel jeder Art. Die *Crowley-Karte* steht für das dumpfe, aber stark verunsichernde und quälende Gefühl, daß sich eine schwierige Konstellation gegen den Fragenden zusammengebraut hat. So ist sie auch hier Vorbote unsicherer Zeiten und verzwickter Probleme, für die sich nicht leicht Lösungen finden lassen.

Platz 1: Ausgangssituation:
Sorge und Entbehrungen bedrücken Sie
Sie befinden sich in einem Engpaß
Sie fühlen sich armselig und verlassen
Sie stehen auf brüchigem Boden
Betonung bei Crowley: Sie sind verunsichert und werden von Sorgen gequält

Platz 2: Jetzt geht es nicht darum:
- sich der Unsicherheit zu überlassen
- eine Krise zu befürchten
- eine Durststrecke zu durchleben
- sich auf schwankenden Boden zu begeben
- sich schutzlos, ungeliebt und erbärmlich zu fühlen

Betonung bei Crowley: sich mit Sorgen zu quälen

Platz 3: Statt dessen ist es jetzt wichtig:
- sich auf eine Durststrecke einzustellen
- den sicheren Boden zu verlassen
- zu wissen, daß Sie jetzt nicht »satt« werden
- mit einer Krise zu rechnen

Betonung bei Crowley: den qualvollen, bedrückenden Weg einzuschlagen und nach Lösungen zu suchen

Platz 4: Ihr nächster Schritt führt Sie:
- zu dem Gefühl, daß es vorne und hinten nicht reicht
- in eine Situation, in der Sie Hilfe brauchen
- in eine Phase, in der Sie sich elend, ärmlich oder erbärmlich fühlen
- in einen Engpaß

Betonung bei Crowley: zu quälenden Gedanken und schwierigen Lösungen

Sechs Münzen · Sechs Scheiben
(Erfolg)

Die hilfreiche und verbindende Qualität der Zahl Sechs zeigt sich bei den Münzen als günstiges Zusammenspiel von Kräften zum Wohle aller Beteiligten. Im *Rider-Tarot* liegt dabei die Betonung auf dem ausgewogenen Geben und Nehmen. Damit bekommt diese Karte auch den Aspekt von Großzügigkeit und Toleranz. Sie kann bedeuten, daß wir jemandem helfen oder daß uns geholfen wird, oder auch ganz einfach Schritte anzeigen, die sich lohnen. Dagegen liegt der Akzent im *Crowley-Tarot* mehr auf günstigem Zusammentreffen von Kräften als einer gesunden Basis für Gelingen, Wachstum und Erfolg.

Platz 1: Ausgangssituation:
Sie haben großzügige Unterstützung erfahren
Sie haben viel Toleranz und Verständnis aufgebracht
Sie haben sich großzügig gezeigt
Sie haben bekommen, was Sie brauchten
Besonderheit bei Crowley: Die derzeitige Konstellation begünstigt Ihren Erfolg

Platz 2: Jetzt geht es nicht darum:
- in Spendierlaune aufzutreten
- hilfsbereit und tolerant zu sein
- großzügige Unterstützung zu geben oder zu erwarten
- darauf zu hoffen, daß Ihnen etwas geschenkt wird
- mit Hilfe anderer zu rechnen

Besonderheit bei Crowley: auf Erfolg zu setzen

Platz 3: Statt dessen ist es jetzt wichtig:
- Toleranz und Verständnis aufzubringen
- andere zu fördern und sich großzügig zu zeigen
- einen Sponsor für Ihr Vorhaben zu finden
- auf das Gleichgewicht zwischen Geben und Nehmen zu achten

Besonderheit bei Crowley: Ihren Erfolg mit anderen zu teilen / ein günstiges Zusammentreffen erfolgreich zu nutzen

Platz 4: Ihr nächster Schritt führt Sie:
- zu einer großzügigen Geste
- zu einer toleranten und verständnisvollen Haltung
- zu einer Belohnung
- zu einer hilfreichen Unterstützung durch andere

Besonderheit bei Crowley: zu einer Erfolgskonstellation

Sieben Münzen · Sieben Scheiben
(Fehlschlag)

Auf der Ebene der Münzen kommt das Krisenhafte der Zahl Sieben als Bewährungsprobe zum Ausdruck, die durchaus scheitern kann. Während der *Rider-Tarot* betont, daß die Zeit für den Fragenden arbeitet und bei wirklich ausreichender Geduld mit einem letztlich erfreulichen Ergebnis gerechnet werden darf, stellt die *Crowley-Karte* eine negative Entwicklung in den Vordergrund. Sie steht für das Scheitern von Hoffnungen und warnt vor dem Verlust dessen, was eingesetzt wurde.

Platz 1: Ausgangssituation:
Sie haben geduldig gewartet und lassen die Zeit für sich arbeiten
Sie sitzen auf der Wartebank
Sie gehen behutsam vor
Sie wissen, daß die Frucht heranreift
Besonderheit bei Crowley:
Sie spüren eine innere Leere und fühlen sich blockiert
Sie haben einen Verlust erlitten
Ihre Hoffnungen sind gescheitert

Platz 2: Jetzt geht es nicht darum:
- (noch) länger zu warten und in den Tag hineinzuleben
- darauf zu setzen, daß die Dinge von selbst wachsen oder sich von selbst erledigen
- eine Geduldsprobe zu bestehen

Besonderheit bei Crowley: zu resignieren und damit zu rechnen, daß die Sache schiefgeht

Platz 3: Statt dessen ist es jetzt wichtig:
- sich in Geduld zu üben
- Ihrem Vorhaben genügend Zeit zu geben, daß es reifen kann
- sich auf eine langsame Wachstumsphase einzustellen
- das positive Ergebnis nicht durch Voreiligkeit zu gefährden
- darauf zu vertrauen, daß die Zeit für Sie arbeitet
- abzuwarten, was passiert

Besonderheit bei Crowley: mit Fehlschlag und Verlusten zu rechnen

Platz 4: Ihr nächster Schritt führt Sie:
- zu besonnenem und geduldigem Handeln
- in eine Phase, in der Sie Geduld zeigen werden
- in eine langsame, aber nachhaltige Wachstumsphase
- zu der Gewißheit, daß die Zeit für Sie arbeitet
- zu geduldigem Warten, bis die Früchte reif sind

Besonderheit bei Crowley: in eine Krise, in der Ihre Hoffnung ganz oder teilweise scheitert

Acht Münzen · Acht Scheiben

(Umsicht)

Acht als Zahl von Veränderung und Neuanfang zeigt sich im Bereich der Münzen als der gründlich und sorgfältig betriebene Beginn einer langfristig aussichtsreichen Entwicklung. Während der *Rider-Tarot* den überlegt und konsequent betriebenen Aufbau hervorhebt und den Fragenden als Lehrling (Anfänger) beschreibt, liegt im *Crowley-Tarot* der Akzent deutlich auf der behutsamen, wohlüberlegten Planung und Vorbereitung dieses neuen Schrittes und seiner gewissenhaften Umsetzung in die Wirklichkeit.

Platz 1: Ausgangssituation:
Sie schmieden fleißig und geschickt an Ihrem Glück
Sie machen einen zukunftsreichen Neubeginn
Sie bauen (sich) etwas auf
Sie wollen Neues lernen
Betonung bei Crowley: Sie planen einen neuen Schritt

Platz 2: Jetzt geht es nicht darum:
- Neues zu lernen und den Anfänger zu spielen
- (wieder) von vorne anzufangen
- Ihre Kenntnisse voranzutreiben
- Ihr Geschick zu üben
- langfristige, neue Pläne zu schmieden

Betonung bei Crowley: sich auf einen neuen Schritt vorzubereiten

Platz 3: Statt dessen ist es jetzt wichtig:
- (noch einmal) ganz neu anzufangen
- fleißig zu üben
- auf die langfristigen Perspektiven zu achten
- fleißig ein neues Projekt voranzutreiben
- »Anfängergeist« zu zeigen

Betonung bei Crowley: behutsam den neuen Schritt zu planen und sorgsam umzusetzen

Platz 4: Ihr nächster Schritt führt Sie:
- zu einem aussichtsreichen Neuanfang
- wieder auf die »Schulbank«
- mit Fleiß zum Erfolg
- in die Schmiede Ihres Glücks

Betonung bei Crowley: zu einem sorgsam vorbereiteten Neubeginn

Neun Münzen · Neun Scheiben
(Gewinn)

Die Idee der (inneren) Sammlung und der Konzentration, die sich mit der Zahl Neun verbindet, bedeutet im Bereich der Münzen Gewinne und anderes überraschendes Glück. Der *Rider-Tarot* hebt die Gunst des Augenblicks hervor, die nun genutzt werden soll, um sein Glück zu machen. Dabei betont die Karte, daß es hier sowohl um inneren wie äußeren Reichtum gehen kann. Auch die *Crowley-Karte* zeigt die Gunst der Stunde als eine glücksbringende Konstellation und hat die gleiche Bedeutung.

Platz 1: Ausgangssituation:
Sie haben einen überraschenden Gewinn gemacht
Sie haben wirklich Glück gehabt
Sie haben den großen Fisch an Land gezogen oder haben es gerade vor
Sie vertrauen auf Ihr Glück
Sie sind ein Glückspilz

Platz 2: Jetzt geht es nicht darum:
- das Glück zu wagen oder herauszufordern
- auf eine günstige Konstellation zu hoffen
- mit Gewinnen zu rechnen
- das große Los zu ziehen

Platz 3: Statt dessen ist es jetzt wichtig:
- den günstigen Augenblick zu nutzen
- den großen Fisch zu fangen
- eine glänzende Gelegenheit wahrzunehmen
- alles auf eine Karte zu setzen
- den beglückenden und bereichernden Aspekt zu erkennen

Platz 4: Ihr nächster Schritt führt Sie:
- zu einer ausgezeichneten Gelegenheit
- in eine bereichernde Situation
- zu neuen Möglichkeiten des Wachstums und der Entfaltung
- zu einem dicken Gewinn
- zu Fortunas Füllhorn
- zu einer glücklichen Überraschung

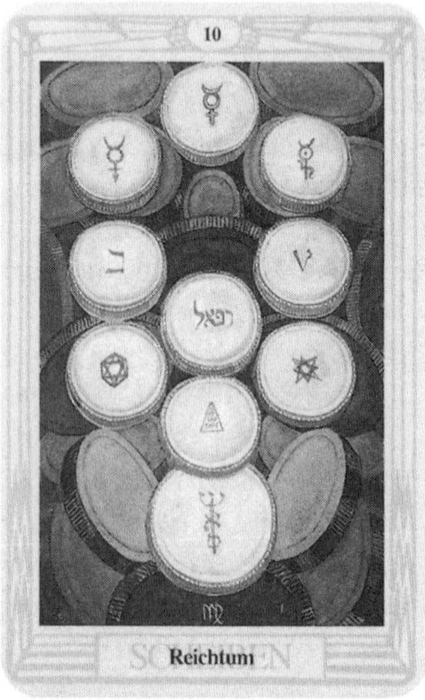

Zehn Münzen · Zehn Scheiben

(Reichtum)

Auf der Ebene der Münzen zeigt sich die Zehn als Fülle, Wohlstand und Wohlergehen. Der *Rider-Tarot* hebt dabei hervor, daß es nicht nur um äußeren, sondern vor allem auch um inneren Reichtum geht, den wir nur wahrnehmen, wenn wir unsere Augen den wunderbaren Dingen öffnen, die uns im Alltag umgeben, und die wir leicht übersehen, wenn wir hektisch getrieben unsere Tage verbringen. Die *Crowley-Karte* hat die gleiche Bedeutung, weist aber darauf hin, daß dieser Reichtum die größte Entfaltung darstellt, die auf Erden möglich ist.

Platz 1: Ausgangssituation:
Es geht Ihnen gut
Sie sind in einer Phase, in der Sie sich reich und sicher fühlen
Sie haben eine erfolgreiche Zeit erlebt
Sie sind zu Reichtum und Wohlstand gekommen

Platz 2: Jetzt geht es nicht darum:
- reich zu werden
- auf Erfolg zu setzen
- Stabilität und Glück zu suchen
- nach Sicherheit zu streben
- am Ziel Ihrer Wünsche anzukommen

Platz 3: Statt dessen ist es jetzt wichtig:
- die Fülle zu erkennen, die Sie umgibt
- den großen Wert zu erkennen, der in Ihrem Vorhaben liegt
- nach innerem wie äußerem Reichtum zu streben
- die Augen auch dem verborgenen Reichtum zu öffnen

Platz 4: Ihr nächster Schritt führt Sie:
- in eine stabile Phase von Fülle und Reichtum
- zu ideellem wie materiellem Erfolg
- zur Entdeckung des verborgenen Reichtums
- zu einer wirklichen Bereicherung

Bube der Münzen · Prinzessin der Scheiben

Buben stehen für Chancen, die sich dem Frager von außen bieten. Dabei verkörpert der Bube der Münzen handfeste Impulse und wertvolle Chancen, auf die der Fragende bauen und vertrauen kann. Hier geht es nicht um vage Versprechungen, die uns zwar schmeicheln, sich dann aber als Traumschlösser erweisen, sondern um Solides, Bodenständiges und Machbares. Der fruchtbare und lukrative Aspekt kommt vor allem im *Rider-Tarot* zum Ausdruck, wohingegen die Prinzessin der Scheiben im *Crowley-Tarot* eher den sinnlichen Aspekt verkörpert.

Platz 1: Ausgangssituation:
Man hat Ihnen ein gediegenes Angebot gemacht
Sie warten auf eine passende Gelegenheit
Sie sind offen für einen guten, handfesten Vorschlag
Betonung bei Crowley: Sie spielen mit dem Gedanken, sich eine genüßliche Chance nicht entgehen zu lassen

Platz 2: Jetzt geht es nicht darum:
- auf eine wertvolle Chance zu warten
- mit einem guten Angebot zu rechnen
- einen handfesten Impuls von außen zu erhoffen oder anzunehmen

Betonung bei Crowley: nach sinnlichen Freuden Ausschau zu halten

Platz 3: Statt dessen ist es jetzt wichtig:
- sich für einen wertvollen Impuls zu öffnen
- ein lukratives Angebot nicht zu übersehen
- eine solide Chance wahrzunehmen, die sich Ihnen bietet
- die sich bietende Gelegenheit zu nutzen, Geld zu verdienen

Betonung bei Crowley: eine Chance wahrzunehmen, die ein echter Genuß für die Sinne ist

Platz 4: Ihr nächster Schritt führt Sie:
- zu einer wertvollen Chance, die Ihnen über den Weg läuft
- zu einem Angebot, das Sie weiterbringt
- zu einer handfesten Anregung für Ihre Pläne
- zu einer guten Gelegenheit, Geld zu verdienen

Betonung bei Crowley: zu einem Erlebnis, das Ihre Sinne erfreuen wird

Ritter der Münzen · Prinz der Scheiben

Ritter stehen für eine Stimmung, für eine Atmosphäre, in der etwas geschieht. Dabei verkörpert der Ritter eine fleißige, betriebsame Atmosphäre, ein echtes und gutes Arbeitsklima. Aus diesem Umfeld erwächst Sicherheit. Hier geht es um solide Projekte, um etwas Gediegenes und Beständiges. Im *Rider-Tarot* findet sich neben alledem auch ein Aspekt von Sturheit und Bockigkeit, wohingegen die Karte im *Crowley-Tarot* mehr das Durchhaltevermögen betont.

Platz 1: Ausgangssituation:
Sie denken an Sicherheit, Dauerhaftigkeit und Zuverlässigkeit
Sie haben festen Boden unter den Füßen
Sie befinden sich in einem sicheren, soliden Umfeld
Sie sind geduldig und beharrlich
Betonung bei Crowley: Sie haben Ausdauer und Beharrlichkeit gezeigt

Platz 2: Jetzt geht es nicht darum:
- geduldig und beherrscht zu sein
- auf die Sicherheit zu achten
- Sturheit oder Beharrlichkeit zu zeigen
- auf ein solides, gediegenes Umfeld zu hoffen
- Hartnäckigkeit zu beweisen

Betonung bei Crowley: sich auf einen Marathonlauf einzulassen

Platz 3: Statt dessen ist es jetzt wichtig:
- eine solide Atmosphäre der Sicherheit zu verbreiten
- mit Ausdauer und Fleiß an die Sache heranzugehen
- standhaft und konsequent zu sein
- erfolgs- und ertragsbewußt zu arbeiten
- der Sicherheit den Vorrang zu geben

Betonung bei Crowley: Durchhaltevermögen zu beweisen

Platz 4. Ihr nächster Schritt führt Sie:
- auf sicheren Boden
- in einen beständigen Rahmen
- in eine Stimmung, in der Sie geduldig warten können
- in eine gediegene Atmosphäre, in der Sie sich sicher fühlen

Betonung bei Crowley: zu Ausdauer und Konsequenz

Königin der Münzen · Königin der Scheiben

In aller Regel stellt eine Königin eine Frau dar, in Ausnahmefällen aber auch einen Mann. Ob mit dieser Karte der Fragende selbst oder aber eine andere Person gemeint ist, hängt sowohl von der Fragestellung ab wie auch von dem Platz, auf dem die Karte innerhalb einer Kartenlegung erscheint.

Die Königin der Münzen steht für eine Person, die die weibliche Seite des Erdelements verkörpert. Das bedeutet ein warmblütiges, manchmal vielleicht auch etwas schwerblütiges Temperament in Verbindung mit Bodenständigkeit, Zuverlässigkeit und einem ausgeprägten Sicherheitsbedürfnis. Sie ist eine »patente« Person, der es leichtfällt, die Anforderungen des Alltags zu meistern. Im *Rider-Tarot* wird ihr mütterlich-fruchtbarer Aspekt betont. Darüber hinaus hebt der *Crowley-Tarot* ihre warm-sinnliche Seite hervor.

Platz 1: Ausgangssituation:
Sie treten gutmütig und realistisch auf
Sie haben ein feines Gespür für das Machbare
Sie haben sich bodenständig, praktisch und geduldig gezeigt
Sie haben sich besonnen und abwartend verhalten
Betonung bei Crowley: Sie haben sich von Ihrer warmen, sinnlichen Seite gezeigt

Platz 2: Jetzt geht es nicht darum:
- sich nüchtern und realistisch zu zeigen
- behutsam und vorsichtig zu sein
- ein großes Sicherheitsbedürfnis zu entfalten
- auf eine realistische Frau zu hören

Betonung bei Crowley: eine sinnesfrohe Person zu spielen

Platz 3: Statt dessen ist es jetzt wichtig:
- mit beiden Beinen auf dem Boden zu bleiben
- Ihr Sicherheitsbedürfnis nicht zu mißachten
- Familiensinn zu zeigen und treu zu sein
- auf den Rat einer realistischen Frau zu hören, sie einzubeziehen oder ihr zu vertrauen
- in Verbindung mit der Natur zu sein, auf Ernährung und Gesundheit zu achten
- sich Zeit zu nehmen und geschickt den Alltag zu meistern

Betonung bei Crowley: sich von Ihrer warmen Seite zu zeigen

Platz 4: Ihr nächster Schritt führt Sie:
- zur Begegnung mit einer realistischen Frau
- dazu, daß Sie sich von Ihrer beständigen Seite zeigen
- in eine Situation, in der Sie Ihre praktischen Fähigkeiten unter Beweis stellen können
- in eine fruchtbare Phase

Betonung bei Crowley: zum Aufblühen Ihrer Sinnlichkeit

König der Münzen · Ritter der Scheiben

In aller Regel stellt ein König einen Mann dar, in Ausnahmefällen aber auch eine Frau. Ob mit dieser Karte der Fragende selbst oder aber eine andere Person gemeint ist, hängt sowohl von der Fragestellung ab wie auch von dem Platz, auf dem die Karte innerhalb einer Kartenlegung erscheint.

Der König der Münzen zeigt eine Person, die die männliche Seite des Erdelements verkörpert. Damit drückt er Bodenständigkeit, Wirklichkeitsnähe und Verantwortungsbereitschaft aus, sowie einen Sinn für alles Solide und Gediegene. Der König der Münzen ist eine Person, auf die andere vertrauen. Er verbreitet ein beruhigendes Gefühl von Sicherheit. Im *Rider-Tarot* kommt darüber hinaus der Aspekt des lebensfrohen Genießers zur Geltung, während der Ritter der Scheiben im *Crowley-Tarot* eher die gewichtige Schwere dieser Person hervorhebt und darauf hinweist, daß dieser Mensch bis zu seiner völligen Erschöpfung arbeiten wird, um die Ernte einzubringen.

Platz 1: Ausgangssituation:
Sie sind nüchtern und sachlich aufgetreten
Sie verkörpern Sicherheit
Sie sind jemand, für den Beständigkeit und Treue zählen
Sie wollen Genuß aus der Sache ziehen oder haben es schon getan
Betonung bei Crowley: Sie tun alles, um eine gute Ernte einzubringen

Platz 2: Jetzt geht es nicht darum:
- sich an einen realistischen Mann zu wenden
- sich abzusichern
- nach Besitz zu streben
- Genuß und Sinnesfreude zu suchen
- nach beständigen Werten zu streben

Betonung bei Crowley: sich bis zur Erschöpfung aufzuarbeiten

Platz 3: Statt dessen ist es jetzt wichtig:
- zu prüfen, ob Ihr Vorhaben machbar und realistisch ist
- Zuverlässigkeit und Gemeinschaftssinn zu zeigen
- auf den Rat eines realistischen Mannes zu hören, ihn einzubeziehen oder ihm zu vertrauen
- die Sache konsequent durchzuziehen
- seriös, kompetent, zuverlässig oder auch massiv aufzutreten
- auf das Ergebnis zu achten
- sich am Machbaren zu orientieren und nichts zu überstürzen

Betonung bei Crowley: Ihr ganzes Gewicht einzusetzen und durchzuhalten

Platz 4: Ihr nächster Schritt führt Sie:
- zu innerer und äußerer Sicherheit
- zur Begegnung mit einem realistischen Mann
- zu Beständigkeit und Familiensinn
- zu Geduld, Beharrlichkeit und Konsequenz

Betonung bei Crowley: zu einem Ergebnis, das mit Fleiß errungen wird

Anhang

Wie kann man Kartendeuten erlernen?

Die Karten sprechen in Bildern, und Bilder sind die Sprache der Seele. Wer die Sprache der Karten lernen will, muß – ähnlich wie der Traumdeuter – die Sprache der Seele erlernen. Die Entwicklung verläuft dabei ähnlich wie beim Erlernen einer neuen Sprache. Wenn Sie Ihre gezogenen Karten nur deuten wollen, können Sie in diesem Buch wie in einem Wörterbuch nachschlagen. Wenn Sie aber lernen wollen, die Sprache selbst zu sprechen, müssen Sie üben. Dabei geht es zunächst natürlich um die Bedeutung, die eine Karte für sich genommen hat, dann um die Bedeutung, die sie an einem bestimmten Platz innerhalb einer Legung annimmt und zuletzt um die Zusammenfassung der Einzelaussagen aller gelegten Karten zu einer abschließenden Aussage.

Erfahrungsgemäß gehört zum Erlernen einer Sprache oft eine entmutigende Phase, die sich nach ersten spontanen Erfolgserlebnissen in dem Augenblick einstellt, in dem der Studierende merkt, wie viele Fehler er macht. Nur wer sich durch diese Krise nicht entmutigen läßt, sondern den Weg beharrlich weitergeht, lernt die Sprache fließend zu sprechen. Das gleiche gilt für die Sprache des Tarot. Nach Überwindung einer möglichen, ersten Befangenheit werden Sie auch hier sicherlich erste spontane Erfolgserlebnisse haben, die aber nur mit weiterer Übung zu wachsender Sicherheit in der Deutung und zu einer differenzierten Wahrnehmung führen.

Durch die in unserer Gesellschaft gesetzten Werte sind wir als Abendländer vor allem im begrifflichen Denken und in der kausalen Logik geschult, weniger jedoch im bildhaften Denken und im Auffinden von Analogien. Das heißt, wir können ein Problem sehr wohl in Worte fassen oder es begreifen, wenn es uns durch Worte vermittelt wird. Wir können es auch auf eine abstrakte Ebene bringen, indem wir die allgemeine Formel finden, die ihm zugrunde liegt, und wir glauben, damit auch Ursache und Wirkung erklären zu können. All dies beruht auf der um Eindeutigkeit bemühten Sprache des Bewußten.

Die Sprache des Unbewußten ist dagegen anders. Unsere Seele drückt sich in Bildern aus – wie jeder aus seinen Träumen weiß. Diese Bilder lassen sich nicht beliebig durch Worte ersetzen: Worte unterliegen einem ständigen Verschleiß. Sie nutzen sich ab und verlieren ihre ursprüngliche Bedeutung. Bilder und vor allem Symbole aber sprechen den Menschen seit Jahrtausenden in gleicher Weise an. Deshalb ist es nicht so schwer, die Sprache der Bilder intuitiv zu verstehen und eine Bedeutung zu erahnen. Die anfängliche Schwierigkeit besteht darin, diese Bedeutung dem Bewußtsein so zugänglich zu machen, daß es die Aussage in Worte faßt, die dem Deuter wie dem Fragenden klarmachen, was die Bilder ausdrücken wollen. Ein Bild sagt eben mehr als tausend Worte.

Eine Voraussetzung für jede gute Kartendeutung ist es, daß die Sprache der Bilder zur Alltagssprache wird. Dazu ist es hilfreich, regelmäßig eine Tageskarte zu ziehen. Das geht folgendermaßen: Ziehen Sie (anfangs nur aus den 22 Trumpfkarten, später auch aus allen 78 Karten) jeden Morgen eine Karte. Beobachten Sie dann, wo und wie sich dieses Thema für Sie im Laufe des Tages zeigt. Gehen Sie aber bitte nicht davon aus, daß es sich dabei immer um das scheinbar wichtigste Ereignis des Tages handelt. Welches die wirklich wichtigste Erfahrung eines Tages ist, stellt sich oft genug erst lange Zeit später heraus. Sehen Sie in der Tageskarte eher einen Hinweis, durch den Ihr Unbewußtes Sie mit Hilfe der Tarotkarten auf etwas aufmerksam machen möchte.

So werden Sie die Sprache der Karten durch eigene Erfahrungen von Tag zu Tag besser verstehen. Den TOD etwa als unfreiwilligen Abschied, indem Sie etwas verlieren; oder die GERECHTIGKEIT, indem Sie ein kluges Urteil fällen oder einfach das bekommen, was Ihnen zusteht (ernten, was Sie gesät haben). Auf diese Art wird Ihnen die Alltagssprache der Karten auf den verschiedensten Ebenen spielerisch und durch persönliches Erleben immer vertrauter. Die Tarotkarten zu befragen ist übrigens keine Mutprobe! Wenn

Sie sich morgens lieber nicht die Stimmung verderben wollen, weil Sie möglicherweise eine Karte ziehen, die Sie nicht mögen, dann spricht nichts dagegen, die gezogene Karte bis zum Abend verdeckt liegen zu lassen. Schauen Sie sich die Karte erst am Ende des Tages an, und lassen Sie den Tag an Ihrem geistigen Auge vorüberziehen. Schauen Sie rückblickend, auf welches Thema Sie die Karte hinweisen will und welche vielleicht scheinbare »Nebensächlichkeit« sie Ihnen vor Augen führt.

Weitere Legesysteme

Mit den nun folgenden Legearten lassen sich die Tarotkarten auch noch in anderer Weise befragen als mit der in diesem Buch beschrieben Methode »Der nächste Schritt«. Um die Aussagen zu verstehen, bedarf es aber etwas Übung, weil sich nun die Bedeutung der Karten nicht länger einfach ablesen läßt. **Die Deutungstexte auf den rechten Seiten dieses Buches lassen sich nicht auf die Plätze in den folgenden Legesystemen übertragen!** Stattdessen ist es notwendig, die Bedeutungen der einzelnen Karten den linken Seiten des Buches zu entnehmen und diese sinnvoll mit der Bedeutung der Plätze zu verbinden, auf denen sie bei dem gewählten Legesystem liegen.

Das Entscheidungsspiel

Diese Legemethode eignet sich sehr gut als Hilfe bei einer grundlegenden Entscheidung darüber, welchen Weg Sie einschlagen wollen. Die einzelnen Schritte, die danach auf dem eingeschlagenen Weg wichtig werden, können Sie dann wiederum mit »dem nächsten Schritt« erfragen.

Natürlich können und sollen uns die Karten keine Entscheidungen abnehmen, sondern nur die Tragweite der mit der Frage verbundenen Themen ausleuchten. Da es keine »Ja-oder-Nein-Karten« gibt, ist dieses Entscheidungsspiel nicht für Fragen geeignet, die sich nur mit »Ja« oder »Nein« beantworten lassen. Die Frage muß daher richtig lauten: »Was passiert, wenn ich dies oder das tue, und was, wenn ich es nicht tue?« Durch diese Legemethode erfahren Sie dann beide Tendenzen und können daraufhin selbst entscheiden, welche für Sie die bessere ist.

Ziehen Sie sieben Karten, die wie folgt ausgelegt werden:

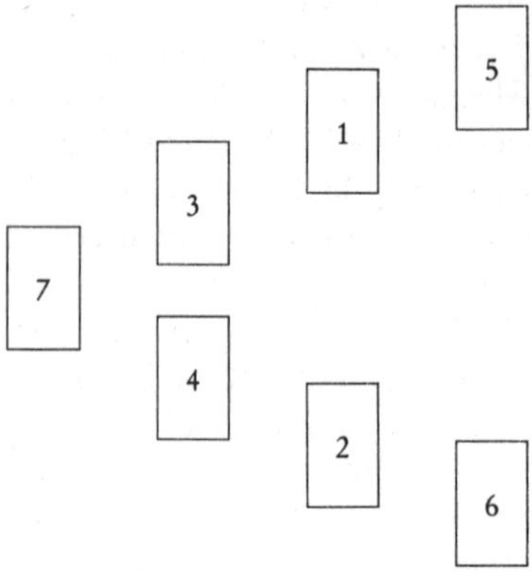

Deuten Sie die Karten dann in dieser Reihenfolge:

7 = Der Signifikator. Er gibt eine bildhafte Darstellung des Fragehintergrundes, des Problems oder auch der Art, wie Sie zu der Entscheidung stehen.

3, 1, 5 = Diese Karten zeigen Ihnen in chronologischer Reihenfolge von links nach rechts (3-1-5), was geschieht, wenn Sie tun, woran Sie gedacht haben

4, 2, 6 = Diese Karten zeigen Ihnen in dieser Reihenfolge (4-2-6) chronologisch, was geschieht, wenn Sie nicht tun, woran Sie bei der Frage gedacht haben.

Besonderheiten der Trumpfkarten VI, X, XVII, XX und XXI beim Entscheidungsspiel

Erscheint eine der folgenden Karten auf einem der beiden Wege, wird damit ein außerordentlich großes Gewicht auf die entsprechende Seite gelegt.

1. Taucht die Karte DIE LIEBENDEN (VI) auf, ist dies ein Hinweis, daß die Entscheidung innerlich bereits zugunsten derjenigen Seite getroffen wurde, auf der diese Karte liegt.
2. DAS RAD DES SCHICKSALS oder GLÜCK (X) zeigt dem Fra-

ger, daß er in seiner Entscheidungsfreiheit so weit eingeschränkt ist, daß sich die Angelegenheit – auch wenn er es lieber anders hätte – zumindest zunächst in Richtung der Seite entwickelt, auf der diese Karte liegt.

3. DIE WELT oder DAS UNIVERSUM (XXI) zeigt den Platz, »auf den der Frager gehört«. Da dies sein wahrer Platz ist, sollte dieser Seite selbst bei schwierigen Begleitkarten unbedingt der Vorzug gegeben werden.
4. DER STERN (XVII), dort liegt die Zukunft des Fragers.
5. DAS GERICHT oder DAS AEON (XX), dort kann der Frager seinen Schatz finden, das heißt, seine wichtigste und wertvollste Erfahrung machen.

Der Weg[11]

Während das im Hauptteil dieses Buches beschriebe Legesystem »Der nächste Schritt« die einzelnen Schritte aufzeigt, erfahren Sie durch die folgende Legeart etwas über den grundlegenden Weg, den es zu gehen gilt, und gleichzeitig etwas darüber, worauf er hinausläuft. Zusätzlich zeigen Ihnen die Karten, wie Sie sich bisher verhalten haben und was Sie statt dessen zukünftig tun sollen.

Ziehen Sie hierzu sieben Karten, die Sie dann wie folgt auslegen:

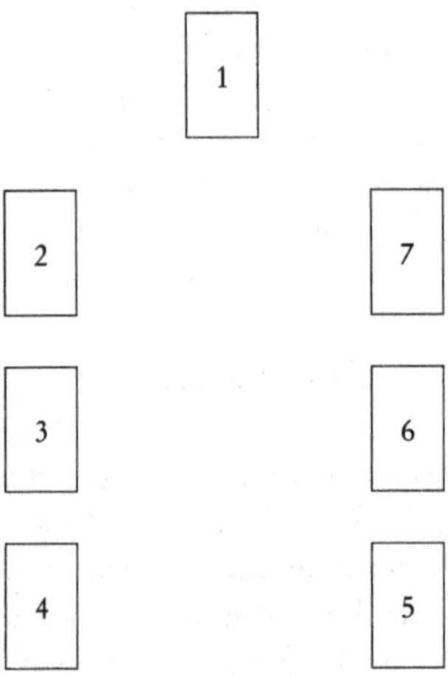

Die sieben Plätze haben folgende Bedeutungen:

1 = Darum geht es. Dies sind die Chancen und Risiken im Zusammenhang mit der gestellten Frage. Darauf läuft es hinaus.

11 Ausführliche Deutungstexte zu dieser Legemethode finden Sie in *Hajo Banzhaf, Das Arbeitsbuch zum Tarot, München (Hugendubel) 1988.*

Linke Säule = bisheriges Verhalten:

2 = Bewußte Einstellung und rationales Verhalten. Gedanken, Vernunftgründe, Vorstellungen, Absichten, Verhaltensweisen. Was sich der Frager denkt oder bislang gedacht hat.

3 = Unbewußte Einstellung und emotionales Verhalten. Wünsche, Sehnsüchte, Hoffen und Bangen. Was der Frager fühlt oder bisher empfunden hat.

4 = Äußere Haltung. Das Auftreten des Fragers, wie er auf andere wirkt und möglicherweise seine »Fassade«.

Rechte Säule = Vorschlag für zukünftiges Verhalten: Bedeutungen entsprechend den Feldern 2–4.

7 = Bewußte Einstellung. Vorschlag für die rationale Vorgehensweise.

6 = Unbewußte Einstellung. Vorschlag für die emotionale Haltung.

5 = Äußere Haltung. So soll der Frager auftreten. Das soll er tun und zu erkennen geben.

Das Narrenspiel

Wenn Sie wissen mögen, wo Sie innerhalb eines längeren Entwicklungsprozesses (Ausbildung, Therapie, Beziehungsthema) stehen, kann Ihnen das Narrenspiel dazu manche Einsicht vermitteln. Es spiegelt in einer einfachen Abfolge von Karten den chronologischen Verlauf einer Angelegenheit. Dabei zeigt es, wo der Fragende jetzt steht, was schon hinter ihm liegt und was er noch vor sich hat. Deshalb ist es wie kein anderes hier vorgestelltes Legesystem geeignet, längere Entwicklungen zu betrachten. Da jedoch die einzelnen Plätze keine Bedeutungsvorgaben haben und jede Karte lediglich auf der vorhergehenden aufbaut, ist die Deutung in manchen Fällen schwierig. Hinzu kommt, daß diese Legeart auch über sehr lange Zeiträume Aussagen machen kann, ohne daß es der einzelnen Karte zu entnehmen ist, welchen Zeitraum sie anzeigt. So kann eine Karte für einen Tag, eine andere aber für mehr als ein Jahr stehen.

Die Hauptschwierigkeit bei der Deutung ist allerdings die weitverbreitete Idee, unser Lebensweg müsse einen logisch-stringenten Verlauf nehmen. Das Narrenspiel zeigt uns jedoch auch die sehr widersprüchlichen Verläufe, unsere Irrtümer und Umwege.

Wundern Sie sich deshalb bitte nicht, wenn es Ihnen bei dieser Methode schwerer fällt als sonst, die Bedeutung der Karten zu erfassen. Es ist die schwierigste hier vorgestellte Legeart. Schreiben Sie sich die Karten in jedem Fall auf. Es ist spannend zu beobachten, wie und in welcher Form sie zum Teil nach langer Zeit in Ihr Leben treten. Bei dieser Legeart wird zunächst der Narr aus dem Kartenspiel herausgenommen. Breiten Sie die übrigen 77 Karten wie gewohnt fächerartig aus, nachdem Sie sie gemischt haben. Der Fragende zieht dann zwölf Karten heraus, die mit dem Narren vermischt werden. Nachdem der Fragende entschieden hat, ob die Karten »von oben« oder »von unten« (das heißt mit der obersten oder der untersten Karte beginnend) aufgedeckt werden, legen Sie alle 13 Karten nebeneinander aus:

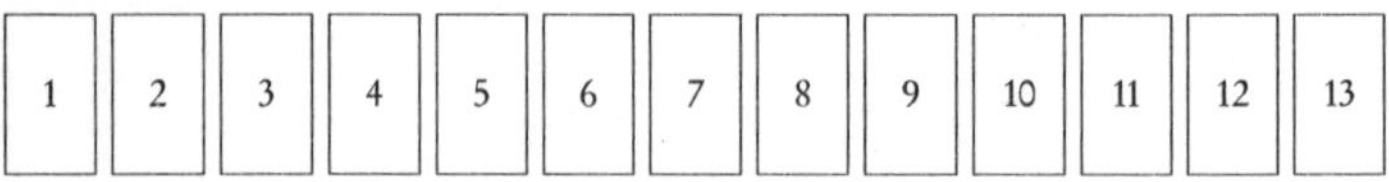

Der Narr kennzeichnet jetzt den Gegenwartspunkt. Somit zeigen alle vor ihm liegenden Karten zurückliegende Entwicklungen auf, die ihm folgenden Karten dagegen weisen in die Zukunft. Kommt der Narr als erste Karte, heißt dies, daß der Frager noch am Anfang der Entwicklung oder vor einem Neubeginn steht. Als letzte Karte zeigt der Narr, daß der Frager am Ende dieser Entwicklung steht oder zumindest am Ende eines bedeutsamen Erfahrungszeitraums.

Das Beziehungsspiel

Diese Legemethode gibt Auskunft über die Art, wie zwei Menschen zueinander stehen. Üblicherweise werden hier die Karten vor dem Hintergrund einer Liebesbeziehung gelegt, aber Sie können so auch nach jeder anderen Form zwischenmenschlicher Beziehung fragen, sei sie beruflicher, nachbarschaftlicher oder familiärer Art. Insgesamt sieben Karten werden wie folgt ausgelegt:

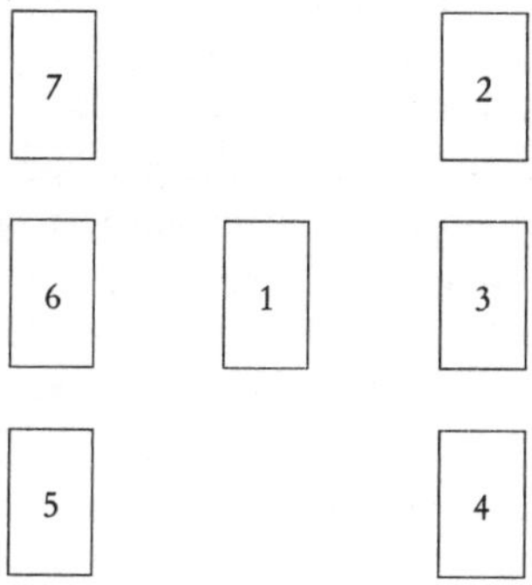

Die sieben Plätze haben die folgende Bedeutung:

1 = Der Signifikator verweist auf die Situation, in der sich die Beziehung befindet; das Thema, das die Beziehung regiert.

Die linke Säule (7, 6, 5) steht für den Fragenden, die rechte Säule (2, 3, 4) für den Partner.

7 + 2 = Diese beiden oberen Karten zeigen die bewußte Ebene, auf der sich die Partner begegnen. Es ist das, was sich jeder denkt, was jeder im Kopf hat und wie jeder die Beziehung bewußt einschätzt.

6 + 3 = Die beiden mittleren Karten stehen für den seelischen Bereich der Beziehung und zeigen, was jeder im Herzen trägt, fühlt, empfindet, ersehnt oder befürchtet.

5 + 4 = Die unteren Karten stehen für das Auftreten, die nach außen gezeigte Haltung, eben das, was jeder der beiden – möglicherweise als Fassade – zeigt, unabhängig von den dahinterliegenden Gedanken (obere Ebene 7 + 2) und Empfindungen (mittlere Ebene 6 + 3).

Die Deutung der Hofkarten bedarf bei diesem Spiel einer besonderen Aufmerksamkeit.

KÖNIGE und KÖNIGINNEN (bei Crowley RITTER und KÖNIGINNEN) stehen in jedem Fall für Männer und Frauen:

Fällt eine gegengeschlechtliche Karte in eine der beiden Säulen, ist das in der Regel ein Hinweis, daß die betreffende Person mit einem anderen Menschen im entsprechenden Bereich zu tun hat. Die eigengeschlechtliche Karte in einer Säule ist weniger eindeutig, zeigt aber eventuell die Sorge an, der Partner könne sich für einen dritten Menschen mit ebendiesen Charaktermerkmalen interessieren. Das ist zumindest dann wahrscheinlich, wenn die Karte auf der oberen oder mittleren Ebene liegt. Dagegen veranschaulicht sie auf der unteren Ebene, wie sich der betreffende Partner nach außen gibt. Dies kann bei eigengeschlechtlichen Hofkarten auch auf der oberen und mittleren Ebene gelten.

Als Signifikator bedeutet ein König oder eine Königin, daß eine solche Person ganz offenbar in die Beziehung getreten ist, oder – und dafür haben wir leider keine Erklärung – sie bedeutet an dieser Stelle gar nichts.

RITTER (bei Crowley PRINZEN) zeigen wie auch bei anderen Legearten Stimmungen an und werden deshalb nicht anders als sonst gedeutet.

BUBEN (bei Crowley PRINZESSINNEN) stehen für Impulse, die von außen kommen. Auch hier gibt es leider keine eindeutige Interpretation. Sie zeigen entweder, was der eine vom anderen haben will (obere Ebene), sich ersehnt (mittlere Ebene) oder bekommt (untere Ebene), oder aber, daß ihm die entsprechenden Möglichkeiten außerhalb der Beziehung offenstehen. Dies gilt insbesondere, wenn ein Bube auf der unteren Ebene auftaucht.

Als Signifikator bedeutet der Bube, daß die Beziehung einen dem Element des Buben entsprechenden Impuls von außen bekommt. Das ist in der Regel eine bereichernde Erfahrung.

Das Keltische Kreuz

Die bekannteste aus älterer Zeit überlieferte Form, Karten zu legen, ist das Keltische Kreuz. Es ist ein universales Legesystem, das sich für alle Frageformen wie Trendverläufe, Aufhellung eines Hintergrundes, als Vorausschau und zur Ursachenerforschung verwenden läßt.

Die Karten werden dabei wie folgt ausgelegt:

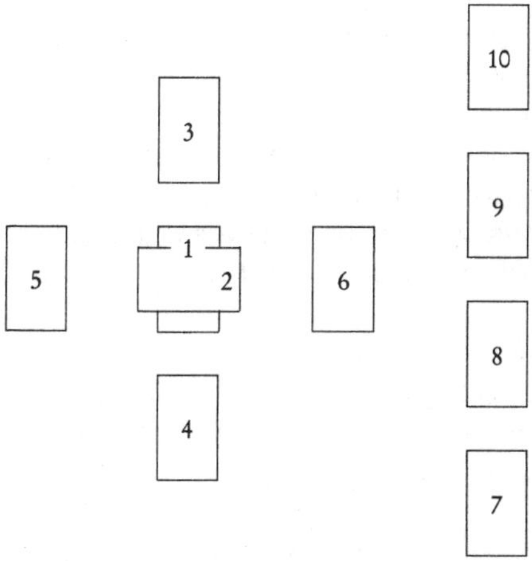

Hierzu können die folgenden Worte gesprochen werden:

1 = Das ist es.
2 = Das kreuzt es.
3 = Das krönt es.
4 = Darauf ruht es.
5 = Das war zuvor.
6 = Das kommt danach.
7 = Das ist der Frager.
8 = Dort findet es statt.
9 = Das sind die Hoffnungen und Ängste.
10 = Dorthin führt es.

oder etwas weniger magisch:

1 = Darum geht es.
2 = Das kommt hinzu.
3 = Das wird erkannt.
4 = Das wird gespürt.
5 = Das hat dahin geführt.
6 = So geht es weiter.
7 = So sieht es der Frager.
8 = So sehen es die anderen, oder dort findet es statt.
9 = Das erwartet oder befürchtet der Frager.
10 = Dorthin führt es.

Die Bedeutungen im einzelnen:

1 = Die Ausgangssituation.
2 = Der hinzutretende Impuls, der förderlich oder auch hinderlich sein kann.

Während wir in diesen ersten beiden Karten eine Hauptantwort auf das erhalten, was ist, geben uns die nächsten drei Karten Hintergrundinformationen:

3 = Die bewußte Ebene. Das, was dem Frager im Umgang mit dem Thema klar ist, was er erkennt, was gesehen wird, was eventuell auch bewußt angestrebt wird.
4 = Der Bereich des Unbewußten. »Darauf ruht es« heißt es in der magischen Formel. Damit ist ausgedrückt, daß eine Angelegenheit, die auf dieser Ebene gut verankert ist und von tiefer innerer Gewißheit getragen wird, stärkste Wurzeln hat und nur schwer zu erschüttern ist.

Für die Bedeutung dieser beiden Karten gibt es je nach Art der Frage einen gewissen Deutungsspielraum. Letztlich aber spiegeln sie, was der Kopf (3) und das Herz (4) dazu sagen.

5 = Die zeitlich zurückführende Karte. Sie zeigt die jüngste Vergangenheit und gibt damit häufig auch einen Hinweis auf Ursachen der jetzigen Situation.
6 = Die erste prognostische Karte gibt einen Ausblick auf die nahe Zukunft, auf das, was als nächstes kommt.
7 = Diese Karte zeigt den Frager[12] seine Einstellung zum Thema (Karten 1 und 2) oder wie es ihm dabei geht.
8 = Das Umfeld. Hier kann der Ort des Ereignisses oder der Einfluß anderer Personen auf das Thema dargestellt sein.
9 = Hoffnungen und Ängste. Die Bedeutung dieser Karte wird häufig unterschätzt, weil sie keinen prognostischen Charakter hat. Dabei gibt uns gerade diese Karte wertvolle Informationen insbesondere dann, wenn wir die Karten für jemanden deuten, den wir nicht kennen oder uns die Frage nicht mitgeteilt wurde. An dieser Stelle spiegeln sich die Erwartungen oder die Befürchtungen wider.
10 = Die zweite in die Zukunft weisende Karte deutet den langfristigen Ausblick an und zeigt eventuell auch den Höhepunkt, zu dem das befragte Thema führt.

12 Wenn die Karten für eine nicht anwesende Person befragt werden, müssen wir uns zuvor darüber klarwerden, ob dieser Platz unsere (des Fragers) Haltung oder die des Betroffenen spiegeln soll.

Damit liegen die prognostischen Karten ausschließlich auf Platz 6 und 10. Alle anderen Karten geben zusätzliche, erklärende Hinweise über Umfeld und Hintergründe der Frage.

Vorgehensweise bei der Deutung:
Beginnen Sie mit Platz 5 (Vorgeschichte) und deuten Sie danach Platz 9 (Hoffnungen und Ängste). Dadurch bekommen Sie ein besseres Bild, da Sie nun wissen, vor welchem Ereignishintergrund (Platz 5) die Frage gestellt wurde und was der Frager erhofft oder befürchtet (Platz 9). Deuten Sie dann die Karten 1 und 2 als die derzeitigen Hauptimpulse und schauen Sie, was dabei bewußt gesehen wird (Platz 3) und wie es im Unbewußten verankert ist (Platz 4). Prüfen Sie dann die Einstellung des Fragers zum Thema (Platz 7), die Außeneinflüsse oder das Umfeld (Platz 8), bevor Sie mit den prognostischen Karten auf Platz 6 und 10 abschließen.

Hajo Banzhaf / Anna Haebeler

Schlüsselworte zur Astrologie

304 Seiten, Festeinband
ISBN 3-88034-763-8

»*Schlüsselworte zur Astrologie* ist der gelungene Versuch, alle wesentlichen astrologischen Konstellationen ohne Füllwerk und leere Worthülsen zu beschreiben und ihre Bedeutung in aller Kürze auf einen Nenner zu bringen.«

Astrologie heute

KAILASH

Dem Schicksal in die Karten schauen

R. L. Wing, 21668
Das Arbeitsbuch zum I Ging

Hajo Banzhaf, 12077
Schlüsselworte zum Tarot

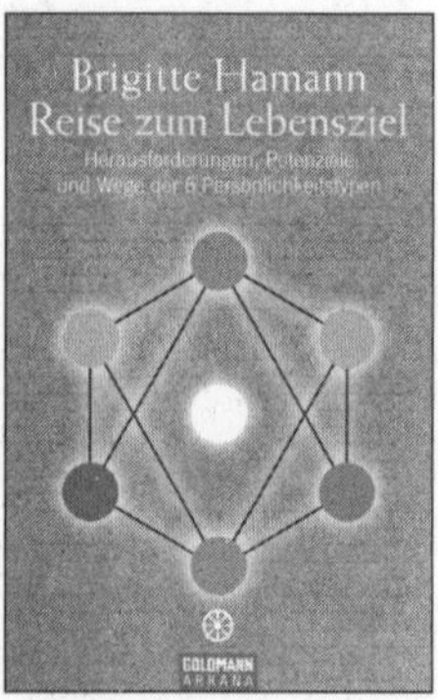

Brigitte Hamann, 21756
Die Reise zum Lebensziel

Markus Jehle, 21679
Kreative Astrologie. Grundwissen

GOLDMANN
ARKANA